Tamara Pianos, Nicole Krüger
Erfolgreich recherchieren – Wirtschaftswissenschaften
De Gruyter Studium

Erfolgreich recherchieren

Herausgegeben von
Klaus Gantert

Tamara Pianos, Nicole Krüger

Erfolgreich recherchieren – Wirtschafts- wissenschaften

—

DE GRUYTER
SAUR

ISBN 978-3-11-030099-4
e-ISBN 978-3-11-030100-7
ISSN 2194-3443

Library of Congress Cataloging-in-Publication Data
A CIP catalog record for this book has been applied for at the Library of Congress.

Bibliografische Information der Deutschen Nationalbibliothek
Die Deutsche Nationalbibliothek verzeichnet diese Publikation in der
Deutschen Nationalbibliografie; detaillierte bibliografische Daten
sind im Internet über http://dnb.dnb.de abrufbar.

© 2014 Walter de Gruyter GmbH, Berlin/Boston
Satz: Medien Profis GmbH, Leipzig
Druck und Bindung: Hubert & Co. GmbH & Co. KG, Göttingen
♾ Gedruckt auf säurefreiem Papier
Printed in Germany

www.degruyter.com

Vorwort

Liebe Leserinnen, liebe Leser,

nie war es so einfach an wissenschaftliche Informationen zu kommen wie heute. Aber hochwertige, relevante und passende Literatur zu finden, ist auch heute noch eine Herausforderung – manchmal mehr denn je. Wir möchten Ihnen dabei helfen, diese Aufgabe so einfach und Zeit sparend wie möglich zu bewältigen.

Beim Schreiben des Buches gab es immer wieder Themen, bei denen wir diskutiert haben „ausführlicher?", „Die Datenbank auch noch?", „Diese Begründung auch noch?", „Erst dieses Thema, dann das Thema – oder andersherum?" Entsprechende Rückmeldungen bekamen wir auch von Leuten, die dieses Buch vor der Veröffentlichung gelesen haben. Wir mussten uns entscheiden: Die wichtigsten Datenbanken, die wichtigsten Zeitschriftenrankings. Wir verweisen meist auf mehr Quellen, versuchen aber uns auf die wesentlichen Informationen dazu zu beschränken. Wir hoffen, dass unsere Entscheidungen gut zu dem passen, was Sie für Ihre Arbeit brauchen.

Bei vielen Punkten haben wir dazu geschrieben „Informieren Sie sich auch wie dies an Ihrer Hochschule gehandhabt wird." Diesen Satz können wir ebenso wie den Hinweis „Sprechen Sie ggf. mit der Person, die Ihre Arbeit betreut!" nicht oft genug betonen. Wir können Ihnen Hinweise und übliche Vorgehensweisen beschreiben, aber manchmal gibt es an einer Hochschule spezielle Regelungen oder Ihr Thema verlangt nach einer anderen Herangehensweise als andere Themen. Suchen Sie im Zweifelsfall ein Gespräch als Ergänzung zu diesem Buch.

Wir haben Personen in unserem Umfeld um Unterstützung und Rückmeldungen zu einzelnen Aspekten oder auch zum gesamten Text gebeten und haben viele sehr wertvolle Hinweise erhalten, die uns sehr geholfen haben.

DANKE, DANKE, DANKE Svenja Delventhal, Lambert Heller, Arne Martin Klemenz, Thora Niemann, Karlheinz Pappenberger, Brigitte Preissl, Anneka Schafrick, Susanne Schmucker, Olaf Siegert, Daniel Smilovski und Monika Zarnitz!

Kiel, im Februar 2014
Tamara Pianos und Nicole Krüger

Inhaltsverzeichnis

Basics der Literaturrecherche

Im Abschnitt *Basics* erfahren Sie, wie Sie die Literaturrecherche zu Ihrem Thema vorbereiten, um keine wichtigen Treffer zu übersehen und auf lange Sicht Zeit zu sparen. Sie lernen welche Publikationsarten (Aufsätze, Bücher, Working Papers) und welche Suchinstrumente (Datenbanken, Kataloge, Suchmaschinen) Sie für Ihre Arbeit verwenden können, um die relevantesten Treffer zu finden. Außerdem bekommen Sie Tipps, wie Sie Ihre Suche durchführen und wie Sie damit umgehen, wenn Sie zu wenig oder zu viele Treffer erzielen. Abschließend werden häufig gestellte Fragen beantwortet. Es wird erläutert, wie Sie Lehrbücher, Definitionen und Zeitschriftenaufsätze zu Ihrem Thema finden.

Was dieses Buch nicht ist: Dieses Buch umfasst nicht alle Aspekte des wissenschaftlichen Arbeitens, sondern nur den Ausschnitt Literatur- und Faktenrecherche sowie Bewertung, Beschaffung, Verwaltung und Zitieren von Literatur. Themenwahl und -formulierung, Projektplanung und Zeitmanagement, Gliederung und Gestaltung von Anlagen sowie das wissenschaftliche Schreiben werden nicht behandelt.

1 Recherche vorbereiten

Lernziele

– Wie kann ich mir einen Überblick über das Thema verschaffen?
– Wie kann ich durch Vorbereitung der Recherche Zeit sparen?
– Wie kann ich sicherstellen, dass ich nichts übersehe?
– Wie kann ich einschätzen, wie viel Information ich brauche?

1.1 Thema analysieren

Haben Sie schon einen genaueren Überblick über Ihr Thema? Beziehungsweise steht Ihr Thema oder der Titel Ihrer Arbeit schon fest?

Ihr Thema

Tipp: Wenn Sie Ihr Thema selbst wählen dürfen, suchen Sie sich eine Fragestellung aus, die Sie persönlich interessiert und an der Sie über einen längeren Zeitraum motiviert arbeiten können. Das ist der beste Garant für eine gute Note.

Wenn Ihnen noch nicht alle Aspekte des Themas klar sind, schlagen Sie erst einmal die wichtigsten Begriffe in Lexika nach (*Definitionen* > Kap. 5.2) und lesen Sie Lehrbücher (> Kap. 5.1) zu dem Thema. Auch Google und Wikipedia können Sie zum Einlesen in das Thema benutzen. Schreiben Sie sich während des Lesens Stichworte für spätere

Suchbegriffe auf. Berücksichtigen Sie dabei auch Übersetzungen, Synonyme, Ober- und Unterbegriffe sowie verwandte Begriffe.

Beispiel: Für eine Suche zum Thema Erneuerbare Energie können auch folgende Begriffe relevant sein:
Übersetzung: Renewable energy
Synonym: Ökostrom
Oberbegriff = weiter gefasster Begriff: Erneuerbare Ressourcen
Unterbegriff = enger gefasster Begriff: Windenergie
Verwandter Begriff: Förderung erneuerbarer Energien

Mindmap

Am besten halten Sie Gedanken, die Ihnen während des Einlesens in das Thema interessant erscheinen und Begriffe, auf die Sie stoßen, in einer **Mindmap** fest. Die Mindmap setzt Ihren Ideen keine Grenzen und Sie können erst einmal frei assoziieren und verbinden, was Ihnen in den Sinn kommt. Dennoch hält die Mindmap Ihre Gedanken an einer Stelle fest und Sie werden keine Probleme haben, Zettel nicht wiederzufinden oder sich nicht an Ihre Ideen erinnern zu können.

Beispiel-Thema
Beispiele rund um das Thema „Auswirkungen einer Sport-Großveranstaltung auf die Wirtschaft des Gastgeberlandes" werden uns durch dieses Buch begleiten. Wer mag, kann parallel zum Lesen zu diesem oder dem eigenen Thema in den vorgestellten Recherchetools mitsuchen.

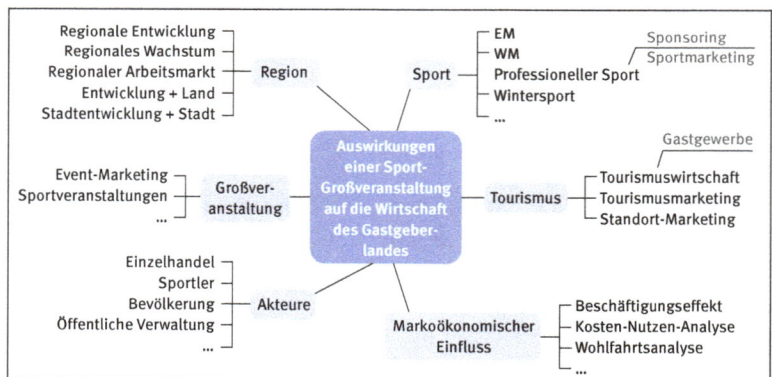

Abb. 1: Grobe Mindmap zum Thema „Auswirkungen einer Sport-Großveranstaltung auf die Wirtschaft des Gastgeberlandes".

Tipp: Es gibt **kostenlose Mindmap-Software**, z. B. FreeMind und FreePlane.

Ihre Mindmap veranschaulicht die Komplexität Ihres Themas. Sie zeigt Ihnen, dass Sie sich ggf. auf einzelne Aspekte beschränken oder Schwerpunkte setzen müssen. Wenn einige Bereiche der Mindmap weniger fein verästelt sind als andere, zeigt Ihnen die Mindmap aber auch, wo Sie ggf. noch Lücken haben und sich noch weiter in Lehrbüchern oder Lexika informieren müssen.

Vergessen Sie Ihre Mindmap nicht im Verlauf Ihrer Arbeit und passen Sie sie immer wieder an. So behalten Sie einen Überblick über Ihr Thema. Sie können auch verschiedene Versionen abspeichern, um einmal verworfene Ideen nicht ganz zu verlieren.

1.2 Suchbegriffe identifizieren

Übertragen Sie Ihre Begriffe aus der Mindmap in eine **Worttabelle** (s. u.). Die Worttabelle wird Ihre Vorlage für die Recherche sein. Gliedern Sie Ihr Thema in die Einzelaspekte auf und halten Sie zu allen Aspekten Begriffe, Synonyme, Oberbegriffe, Unterbegriffe und verwandte Begriffe sowie deren Übersetzungen fest. Je präziser Sie suchen, d. h. je mehr Gedanken Sie sich über die richtigen Suchbegriffe machen, desto passendere Treffer bekommen Sie. Sie müssen die Trefferlisten dann nicht zeitaufwändig aussortieren. Eine schnelle Suche in Google oder einer anderen Suchmaschine mag erst einmal bequemer sein, aber das strukturierte Vorgehen gibt Ihnen die Sicherheit, Ihr Thema wirklich umfassend zu erschließen.

Worttabelle

Achtung: Der **Drang, einfach einige Suchbegriffe in den Suchschlitz** zu schreiben ist nahe liegend und verständlich. Bei der wissenschaftlichen Recherche werden Sie aber in mehr als einer Quelle recherchieren. Wenn Sie da nicht den Überblick behalten, wo Sie schon was gesucht haben, führen Sie Suchen oft doppelt und dreifach aus und verlieren dadurch Zeit.

Und so könnte Ihre Worttabelle zum Thema „Makroökonomische Folgen einer Sportgroßveranstaltung auf das Gastgeberland" aussehen:

	Aspekt 1 Sport-Großveranstaltung	Aspekt 2 Auswirkung auf die Gastgeber-Wirtschaft
Begriff	Sportveranstaltung	Makroökonomischer Einfluss
Synonyme	Weltmeisterschaft, Sportereignis, Olympische Spiele, Super Bowl, …	Volkswirtschaftlicher Effekt, Makroökonomische Effekte, Gesamtwirtschaftlicher Einfluss, …

	Aspekt 1 Sport-Großveranstaltung	Aspekt 2 Auswirkung auf die Gastgeber-Wirtschaft
Übersetzungen	World Cup, Sport event, Olympic Games, …	Macroeconomic effect, Macroeconomic impact, …
Oberbegriffe	Veranstaltung Event, …	
Unterbegriffe		
Verwandte Begriffe	Sport, Sportler, Sportmarketing, …	Volkswirtschaft, Wohlfahrtsanalyse, …

Tab. 1: Worttabelle erstellt mit Hilfe des Standard Thesaurus Wirtschaft (STW) (s. u.).

Tool-Tipp:
Thesaurus

Tool-Tipp: Thesaurus

Neben Lexika und Lehrbüchern können Sie auch einen sogenannten Thesaurus verwenden, um Ihre Mindmap (> Kap. 1.1) und Ihre Wortliste zu vervollständigen. Ein Thesaurus ist ein hierarchisch gegliederter **fachlicher Wortschatz**. Er stellt Beziehungen zwischen Begriffen dar und eignet sich daher ideal zur Suche nach geeigneten Fachbegriffen. In einer Datenbank werden die Begriffe eines Thesaurus dazu verwendet, Publikationen mit Schlagwörtern zu versehen.

Schlagwort

Exkurs Schlagwort: Ein Schlagwort dient der inhaltlichen Beschreibung einer Publikation.
Beispiel: Ein Buch hat den Titel: „Von Mäusen und Märkten". Es ist damit nur schwer auffindbar, wenn man den Titel nicht kennt. Schlagwörter für diesen Titel sind: Finanzmarkt, Börsenkurs, Kapitalismus, Humor.

Thesauri werden auch als „normiertes Vokabular" bezeichnet, da in dem Thesaurus (als Norm) festgelegt ist, dass z. B. für Literatur zum Thema „Web 2.0" immer das Schlagwort „Social Web" vergeben wird.

Begriffe, die Sie im Thesaurus finden, sind die **besten Suchbegriffe für die jeweilige Datenbank**. Leider verwendet jede Datenbank einen eigenen Thesaurus und es gibt keine einheitliche normierte Verwendung von Schlagwörtern.

Link-Tipp: STW

Link-Tipp: Standard Thesaurus Wirtschaft (STW)

www.zbw.eu/stw

Der Standard Thesaurus Wirtschaft (STW) ist ein frei im Internet verfügbarer deutscher Wortschatz für die Wirtschaftswissenschaften. Er enthält englische Übersetzungen, Synonyme, verwandte Begriffe sowie Ober- und Unterbegriffe zu 6.000 Begriffen.

Tipp: Wenn Sie in einem Katalog oder einer Datenbank keinen Thesaurus finden, **ergänzen Sie Ihre Wortliste durch Begriffe, die Sie im Titel oder als Schlagwort bei relevanten Treffern finden**. Übersetzen Sie diese Begriffe auch ins Englische oder Deutsche.

Don't panic: Ihre Worttabelle werden Sie während der Arbeit immer weiter ergänzen müssen. Das ist ein ganz normaler Prozess. Die Literaturrecherche begleitet Sie während der gesamten Arbeit.

1.3 Thema reflektieren

Nun haben Sie einen ersten Überblick, was Ihr Thema umfasst und mit welchen Begriffen Sie in die Suche einsteigen wollen. Thema reflektieren

Während der Recherche und dem Einlesen in das Thema sollten Sie reflektieren, ob das Thema für Ihre Arbeit geeignet ist:

- Ist es zu umfassend? Müssen Sie sich auf einen Teilaspekt konzentrieren?
- Ist das Thema zu eng gefasst? Müssen Sie weitere Aspekte hinzunehmen?
- Finden Sie zu wenig Literatur zu dem Thema?

Sollten Sie befürchten, dass einer der Punkte zutrifft, halten Sie Rücksprache mit der Person, die Ihre Arbeit betreut. Diese kann Umfang des Themas und Literaturlage sehr gut einschätzen und wird Sie gut darin beraten, wie Sie Ihr Thema ggf. anpassen können.

2 Was suchen? Buch, Aufsatz, Working Paper

- Wie umfassend muss ich für meine Arbeit suchen? Lernziele
- Welche Arten von Publikationen brauche ich für meine Arbeit?
- Woran erkenne ich einen Aufsatz, ein Buch, ein Working Paper im Literaturverzeichnis?
- Wo suche ich nach bestimmten Publikationsarten?
- Was kann ich online finden und was nicht? Was sind Lizenzen?

2.1 Welche und wie viel Literatur brauche ich für meine Arbeit?

Je nach Art und Thema Ihrer Arbeit brauchen Sie für Ihre:

Umfang der Recherche

- Erste Hausarbeit: überwiegend Bücher und einzelne Aufsätze,
- Bachelor- / Master-Arbeit: überwiegend möglichst aktuelle Forschungsergebnisse (Aufsätze aus Fachzeitschriften, Bücher, Working Papers) und ggf. Zahlenmaterial / Statistiken (> Kap. 12),
- Dissertation: einen möglichst vollständigen Überblick über Ihr Thema (alle Arten von Publikationen) und
- Abhängig vom Thema: Meldungen zu aktuellen Ereignissen (Presseartikel, Blogs, Internetquellen).

Wichtig ist, dass Sie Ihre Arbeit auf mehrere Publikationen stützen und nicht nur aus ein oder zwei Werken zitieren. Bei fortgeschrittenen Arbeiten ist erwünscht, dass Sie auch Publikationen aus dem letzten bzw. laufenden Jahr verwenden – wenn es das Thema erlaubt. Damit belegen Sie, dass Ihre Arbeit den aktuellen Stand der Forschung widerspiegelt. Achten Sie auch darauf, möglichst die Urheber von Modellen, Argumenten oder Thesen zu zitieren und nicht nur die Personen, die sich auf sie berufen.

Tipp: Die oben genannten Publikationsarten, die Sie für verschiedene Arbeiten brauchen, können nur eine grobe Richtlinie sein. **Halten Sie Rücksprache** mit Ihrer Dozentin oder Ihrem Dozenten. Lesen Sie auch die **Anleitung zum Verfassen einer wissenschaftlichen Arbeit Ihres Lehrstuhls oder Fachbereichs**, ob es entsprechende Vorgaben gibt: Dürfen Sie z.B. Blogs verwenden? Muss ein gewisser Teil Ihrer verwendeten Literatur aus aktuellen Zeitschriften stammen? Oder aus Zeitschriften die bestimmten Kriterien entsprechen (*Rankings* (> Kap. 7.1), *Peer-Review* (> Kap. 18.2)...)?

Von der Art der Publikation, die Sie suchen, ist abhängig, wo Sie Ihre Recherche starten.

Hier abbiegen:
Wenn Sie schon wissen, wo man die verschiedenen Publikationsarten findet und wie man sie im Literaturverzeichnis erkennt, gehen Sie direkt zum Abschnitt *Alles kostenlos online? : Lizenzen* (> Kap. 2.3). Darin wird erläutert wie Sie über Ihre Bibliothek kostenlos auf Online-Publikationen von Verlagen zugreifen können, die nicht frei im Netz stehen.

2.2 Verschiedene Publikationsarten erkennen und finden

Verschiedene Publikationsarten wie Bücher, Aufsätze, Websites, Zeitungen oder Working Papers erscheinen mit unterschiedlicher zeitlicher Verzögerung. Sie eignen sich unterschiedlich gut für die Verwendung in wissenschaftlichen Arbeiten und dienen verschiedenen Zwecken (in Lehrbüchern finden Sie z. B. Grundlagenwissen, wohingegen Sie in Aufsätzen und Working Papers neueste Forschungsergebnisse finden). Darüber hinaus werden Publikationsarten in verschiedenen Suchinstrumenten nachgewiesen (> Kap. 3: *Wo suchen? Katalog, Datenbank, Suchmaschine*). Unabhängig davon, ob Sie Literatur zu einem Thema suchen oder eine Ihnen bekannte Publikation finden wollen, ist es also wichtig, die verschiedenen Publikationsarten zu kennen und unterscheiden zu können.

    Zu dem in den Beispielen verwendeten Zitierstil finden Sie mehr im Abschnitt *Zitieren* (> Kap. 21).

Publikationsarten

2.2.1 Aufsatz in Fachzeitschrift

Aufsätze oder auch Artikel (die Begriffe werden hier synonym verwendet) **aus Fachzeitschriften** stellen auf Grund ihrer **Aktualität,** ihrer **geprüften wissenschaftlichen Qualität** (> *Peer-Review-Verfahren*, Kap. 18.2) und der Spezialisierung die wichtigste Ressource für die Forschung dar.

    Aufsätze aus Zeitschriften finden Sie am besten in Datenbanken (> Kap. 3.3).

Aufsatz in Zeitschrift

Achtung: In Bibliothekskatalogen sind Aufsätze i.d.R. nicht verzeichnet.
Test: Probieren Sie doch einmal mit der sehr groben Suche nach „*Marketing*" aus, ob Sie in Ihrem Bibliothekskatalog Aufsätze finden. Sollte das der Fall sein, erfahren Sie im Abschnitt *Kataloge* (> Kap. 3.2.1), warum das so ist, und warum es heute auch Ausnahmen von der oben beschriebenen Regel gibt.

Beispiel für den Nachweis eines Zeitschriftenaufsatzes:
Wirl, F. (2013). Comparing environmental policy instruments within an incomplete contract framework. *Journal of public economic theory*, 15(2), 319–340.

Merkmale

Dass es sich um einen Zeitschriftenaufsatz handelt, **erkennen Sie teilweise an** einem „In". Dieses deutet an, dass der beschriebene Titel in einem anderen Werk enthalten ist. Bei einigen Zitierstilen (wie hier im Beispiel) wird aber auf das „In" verzichtet. Dann erkennen Sie den Aufsatz daran, dass ein Zeitschriften-Titel (Journal) und eine Zeitschriften-Zählung vorkommt (eine gesamte Zeitschrift wird nie zitiert, immer nur Aufsätze aus ihr). Die 15(2) steht in dem Beispiel für die Jahrgangs-/Volume- und Heft-Zählung, die es nur bei Zeitschriften gibt. Die Zählung der Hefte einer Fachzeitschrift wird i.d.R. mit jedem Jahrgang neu bei eins begonnen. Die Jahrgänge werden fortlaufend weiter gezählt.

2.2.2 Aufsatz im Buch (Sammelwerk)

Aufsatz im Buch

Aufsätze können auch **in** Büchern (sogenannten **Sammelwerken**) erscheinen. Sei es, dass Herausgeber Aufsätze zu einem Thema von verschiedenen Personen in einem Band versammeln oder dass es sich um Aufsätze auf der Basis von Tagungsbeiträgen handelt.

Diese Aufsätze sind einzeln fast nirgendwo nachgewiesen und nahezu ausschließlich über die Suche nach Büchern in Katalogen (> Kap. 3.2) oder über Literaturverzeichnisse anderer Publikationen zu finden. Eine Ausnahme stellt EconBiz (> Kap. 3.3.4) dar. Dort finden Sie auch Aufsätze aus Sammelwerken.

> **Tipp:** In Katalogen werden häufig die digitalisierten Inhaltsverzeichnisse von Büchern mit durchsucht. So finden Sie ein Buch z. B. auch dann, wenn der von Ihnen eingegebene Begriff nur im Titel eines Aufsatzes in diesem Buch enthalten ist. Dies ist auch eine Möglichkeit, Aufsätze aus Sammelwerken zu finden.

Merkmale

Beispiel für den Nachweis eines Aufsatzes in einem Sammelwerk:
Ernst, H. (2011). Neuproduktentwicklungsmanagement. In S. Albers & O. Gassmann (Hrsg.), *Handbuch Technologie- und Innovationsmanagement* (2. Aufl.). (S. 237–258). Wiesbaden: Gabler.

Auch Aufsätze in Sammelwerken können Sie teilweise an einem „In" erkennen. Fehlt das „In" in einem Zitierstil, erkennen Sie diese Aufsätze daran, dass neben Verfasser und Titel ein weiterer Titel (der des Sammelwerks), Herausgeber, ein Publikationsort, Verlag und ggf. eine Auflage genannt sind.

2.2.3 Buch

Buch

Bücher können Monographien oder Sammelwerke sein. Monographien stellen ein Thema i.d.R. **umfassend** dar. In Sammelwerken sind Aufsätze verschiedener Personen zu einem Thema zu finden (ein Beispiel hierfür ist der Tagungsband mit einzelnen Tagungsbeiträgen). Bei

Sammelwerken wird immer eine herausgebende Person (abgekürzt Hrsg. oder ed.) genannt.
Bücher finden Sie in Bibliothekskatalogen (> Kap. 3.2).

Beispiele für den Nachweis **von Büchern:** Merkmale
Kemfert, C. (2013). *Kampf um Strom: Mythen, Macht und Monopole.* Hamburg: Murmann.

Albers, S. & Gassmann, O. (Hrsg.) (2011). *Handbuch Technologie- und Innovationsmanagement* (2. Aufl.). Wiesbaden: Gabler.

Sie **erkennen ein Buch daran,** dass hier kein „In" genannt ist und keine Heft- und Jahrgangs-Zählung vorliegt. Weitere Kennzeichen sind die Nennung eines Verfassers bzw. von Herausgebern, ggf. einer Auflage, Verlagsort und Verlag. Es sind keine Seitenzahlen genannt.

2.2.4 Zeitschrift

Zeitschriften enthalten aktuelle und qualitätsgeprüfte Forschungsergebnisse zu einem Themengebiet. Suchen Sie nach Zeitschriften, wenn Sie sich über einen **längeren Zeitraum** zu einem Thema auf dem Laufenden halten wollen oder wenn Sie nach einem bestimmten, Ihnen bekannten Aufsatz aus dieser Zeitschrift suchen.
Zeitschriften finden Sie in Bibliothekskatalogen (> Kap. 3.2) oder in bibliotheksübergreifenden Zeitschriftendatenbanken (> Kap. 7.2). Verwenden Sie auch Zeitschriften-Rankings (> Kap. 7.1), um die wichtigsten Zeitschriften Ihres Fachgebiets kennen zu lernen.

Zeitschrift

Tipp: Zeitschriften, deren Aufsätze ein **Peer-Review-Verfahren** (> Kap. 18.2) durchlaufen, werden qualitativ höher eingeschätzt als andere.

Kein Beispiel?
Im Literaturverzeichnis einer Publikation werden Sie nie eine gesamte Zeitschrift finden. Auch Ihr eigenes Literaturverzeichnis sollte keine gesamte Zeitschrift enthalten. Weisen Sie immer den konkreten Aufsatz nach, den Sie verwenden.

Achtung: Zeitschriftentitel sind oft sehr allgemein und sagen auch nicht zwingend etwas über die darin enthaltenen Aufsätze aus. Denken Sie z. B. an die Zeitschrift *Journal of economic studies*. Wenn Sie eine bestimmte Zeitschrift suchen, können Sie es über die ISSN (International Standard Serial Number) versuchen oder in der erweiterten Suche / nachträglich über Filter auf die Publikationsart *Zeitschrift* einschränken.

2.2.5 Working Paper / Discussion Paper

Working Papers / Discussion Papers spielen in den Wirtschaftswissenschaften eine große Rolle. Es handelt sich dabei um sogenannte „graue Literatur", die außerhalb von Verlagen publiziert wird. Forschungsinstitute und Lehrstühle publizieren ihre Forschungsergebnisse häufig **zuerst** in hauseigenen Reihen. Ein Working Paper hat die Länge eines Aufsatzes, erscheint jedoch als eigenes Heft bzw. **kostenlos online** als einzelne Publikation innerhalb der Working-Paper-Reihe. Working Papers werden von Wissenschaftlerinnen und Wissenschaftlern geschrieben, werden jedoch nicht von Instituts-Externen geprüft. Eine überarbeitete Fassung erscheint häufig als Aufsatz in einer Fachzeitschrift. Da der Auswahl-, Prüfungs- und Verlags-Aufwand wegfällt, werden Working Papers schneller publiziert als Aufsätze. Hier finden Sie also **sehr aktuelle** Untersuchungen und Ergebnisse.

Tipp: Wenn Sie auf ein Working Paper stoßen, das mehr als ein oder zwei Jahre alt ist, prüfen Sie, **ob daraus ein geprüfter Aufsatz** in einer Fachzeitschrift **entstanden ist.** Suchen Sie dafür in Datenbanken (> Kap. 3.3) nach den Autorinnen / Autoren, um Publikationen von diesen mit gleichem oder ähnlichem Titel zu finden. Zitieren Sie dann aus dem Aufsatz.

Working Papers finden Sie in erster Linie in Fachportalen (> Kap. 9) und wissenschaftlichen Suchmaschinen (> Kap. 3.4), aber auch in Datenbanken (> Kap. 3.3) und Katalogen (> Kap. 3.2).

Beispiel für den Nachweis eines Working Papers:
Dewenter, R., Heimeshoff, U. (2013). *Neustrukturierung der öffentlich-rechtlichen Fernsehlandschaft: Theoretische Hintergründe und Reformoptionen.* Düsseldorf: Heinrich-Heine-Universität, Düsseldorfer Institut für Wettbewerbsökonomie. (DICE Ordnungspolitische Perspektiven. 43)

Ein **Working Paper zu erkennen** ist manchmal schon schwieriger. Es ist kein „In:" genannt, weil das Working Paper als eigenständige Publikation erscheint. Es ist auch kein Verlag genannt, dafür aber eine Institution. Und es muss eine Reihe mit Zählung genannt sein. In unserem Beispiel fehlt die Bezeichnung „Discussion Papers" o. ä. im Reihen-Titel, die häufig einen eindeutigen Hinweis gibt. Wenn Sie sich unsicher sind, gehen Sie nach dem Ausschlussprinzip vor.

2.2.6 Website / Blog / Wiki

Websites, z. B. Blogs, Wikis und Seiten von Institutionen oder Personen sind sehr vielfältig. Sie sind vor allem schnelllebig. Ihre Inhalte können von einem auf den anderen Tag aus dem Netz genommen werden. Blogs, Wikis und Websites werden nicht durch Verlage oder andere Instanzen geprüft. Das müssen Sie selbst tun, bevor Sie sie in Ihrer wissenschaftlichen Arbeit verwenden (> *Bewertung von Websites*, Kap. 18.3). Überlegen Sie, ob die Verwendung der Website wirklich notwendig ist oder ob Sie Ihre Aussage auch mit Hilfe von geprüften Publikationen stützen können.

    Blogs, Wikis und Websites finden Sie in Suchmaschinen (> Kap. 3.4).

Website, Blog, Wiki

Beispiel für den Nachweis einer Website (hier Blogeintrag):
Schieritz, M. (2013). Paul Kirchhoffs wunderbare Welt der Wirtschaft. Verfügbar unter: http://blog.zeit.de/herdentrieb/2013/12/11/paul-kirchhofs-wunderbare-welt-der-wirtschaft_6868 (Stand 16.12.2013)

Üblicherweise finden Sie bei dem Zitat aus einer Website das **Datum des Seitenaufrufs** und eine **URL**.

Merkmale

Tipp: Halten Sie Rücksprache mit der Person, die Ihre Arbeit betreut oder lesen Sie die **Anleitungen zum Verfassen einer wissenschaftlichen Arbeit Ihres Lehrstuhls / Fachbereichs**, bevor Sie Websites zitieren. Klären Sie, wie Sie damit umgehen, dass die zitierten Inhalte zum Zeitpunkt der Abgabe Ihrer Arbeit ggf. nicht mehr auffindbar sind.

2.2.7 Presseartikel in Zeitung oder Magazin

Zeitungsartikel und **Artikel in Magazinen** (wie Spiegel, brand1, Wirtschaftswoche) sind **tages- oder wochenaktuell**. Der Hauptunterschied zu den oben genannten Publikationsarten ist, dass die **Zielgruppe** dieser Publikationsarten die **breite Öffentlichkeit** und nicht die Wissenschaft ist. Aussagen werden hier nicht mit exakten Zitaten (> Kap. 21) belegt. Zeitungsartikel eigenen sich darum nur in Ausnahmefällen für die Verwendung in wissenschaftlichen Arbeiten, z. B. wenn Sie ein tagesaktuelles Thema behandeln, das noch nicht wissenschaftlich reflektiert werden konnte (von der Bearbeitung eines Themas bis zur Publikation des Aufsatzes in einer Fachzeitschrift vergeht häufig ein Jahr oder mehr) oder wenn Sie Reaktionen der Presse aufzeigen wollen. Zeitungsartikel sollten auf keinen Fall die alleinige Basis für eine wissenschaftliche Arbeit darstellen.

Presse

Presseartikel finden Sie in speziellen Pressedatenbanken (> Kap. 11) oder in (Online-)Archiven einzelner Zeitungen und Magazine.

Beispiel für den Nachweis eines Zeitungsartikels:
Thailand: Loan growth expected to drop to single digits. (2014, Jan 03). Asia News Monitor.

Ein Presseartikel ist i.d.R. daran zu **erkennen**, dass ein Tagesdatum angegeben ist. Außerdem ist häufig an den Titeln (Presse, News, Zeitung, Times, ...) zu sehen, dass es sich um eine Zeitung und keine Fachzeitschrift handelt. Bei Artikeln aus Zeitungen und Magazinen sind meist keine Personen genannt.

2.3 Alles kostenlos online? : Lizenzen

Alle Publikationsarten gibt es heute sowohl online (eBook, eJournal, Online-Zeitung, ...) als auch gedruckt. Was Sie online finden, hängt weniger von der Publikationsart als vielmehr vom Erscheinungsdatum ab – und von der Einzelentscheidung des Verlags.

Dass etwas **online** verfügbar ist, ist aber **nicht gleichbedeutend mit „kostenlos über Google abrufbar"**. Gerade die wichtigsten Zeitschriften der Wirtschaftswissenschaften werden durch Verlage herausgegeben; und diese verdienen weiterhin Geld mit der Herausgabe von Zeitschriften und Büchern und stellen diese selten frei ins Netz. Bibliotheken kaufen daher – neben gedruckten Werken – auch **Lizenzen für Online-Publikationen**. Auf diese können Sie nur in der besitzenden Bibliothek, auf dem Campus, im Uni-Netz oder via Remote Access zugreifen. Fragen Sie nach den Zugangsmöglichkeiten in Ihrer Bibliothek oder Universität.

3 Wo suchen? Datenbank / Katalog / Suchmaschine

Sobald Sie wissen, wonach Sie suchen wollen, können Sie überlegen, wo Sie mit der Suche beginnen.

- Wofür nutze ich Katalog, Datenbank oder Suchmaschine?
- Was ist eine Lizenz für Datenbanken?
- Was ist das Deep Web?
- Wie finde ich die richtige Datenbank?
- Welche sind die wichtigsten Kataloge, Datenbanken und Suchmaschinen?

3.1 Vergleich der drei Suchinstrumente

Mit Bibliothekskatalogen (> Kap. 3.2) und Suchmaschinen (> Kap. 3.4) sind Sie vermutlich schon in Berührung gekommen. Datenbanken (> Kap. 3.3) wie EBSCO Business Source, EconBiz, ABI/Inform oder WISO, die überwiegend Aufsätze enthalten, fachspezifisch sind und von Expertinnen und Experten unter wissenschaftlichen Gesichtspunkten zusammengestellt werden, könnten hingegen neu für Sie sein. Da liegt erst einmal die Frage auf der Hand, warum Sie diese angesichts der umfangreichen Trefferlisten in Suchmaschinen überhaupt brauchen. Schließlich ist das mit einigen Komplikationen verbunden. Man muss die richtige Datenbank herausfinden, die teilweise überladenen Sucheinstiegs-Seiten hinter sich bringen und bekommt dann teilweise weniger Treffer als in Suchmaschinen. Insbesondere wissenschaftliche Suchmaschinen wie Google Scholar (> Kap. 3.4.3) erfreuen sich darum immer größerer Beliebtheit. Folgende Gegenüberstellung zeigt aber, dass Datenbanken immer noch unschlagbare Vorteile gegenüber (wissenschaftlichen) Suchmaschinen haben – und dass die Datenbank-Recherche auch durch die Suche in Katalogen nicht ersetzt werden kann. Für eine größere wissenschaftliche Arbeit sollten Sie darum keines der drei Suchinstrumente auslassen.

Vergleich

	Daten-bank	Kata-log	(Wissenschaftl.) Suchmaschine
Enthält Aufsätze	✓	–	✓
Exakt bestimmen, wonach Sie suchen	✓	✓	–
Umsortierung der Trefferlisten möglich	✓	✓	–
Beschreibung der Literatur durch Schlagwörter (> Kap. 1.2)	✓	✓	–
Suche im gesamten Dokument	✓	–	✓
Fachspezifisch	✓	–	–
Universell	–	✓	✓
Kostenlos im Internet	–	✓	✓
Prüfung möglich, welche Zeitschriften durchsucht werden	✓	0	–
Enthält alle relevanten Inhalte, die es gibt	–	–	–

Datenbank vs. Katalog und Suchmaschine

Tab. 2: Die wichtigsten Unterscheidungsmerkmale von Datenbanken, Suchmaschinen und Katalogen.

3.1.1 Datenbank versus Katalog

Datenbank vs.
Katalog

Der Vorteil von Datenbanken gegenüber Katalogen ist an der Tabelle leicht erkennbar: In Datenbanken finden Sie Aufsätze aus Fachzeitschriften.

3.1.2 Datenbank versus (wissenschaftliche) Suchmaschine

Datenbank vs.
Suchmaschine

Der **Unterschied zwischen Datenbanken und (wissenschaftlichen) Suchmaschinen** ist schon schwerer zu erkennen, denn in letzteren bekommen Sie ja immer lange Trefferlisten mit Aufsätzen zu Ihrem Thema. (Wissenschaftliche) Suchmaschinen entscheiden jedoch für Sie, was relevant ist und auf den ersten Seiten angezeigt wird. Sie haben weder Einblick in die Algorithmen zur Sortierung noch können Sie diese verändern. Dadurch können Sie z. B. sehr aktuelle und wichtige Literatur übersehen.

Datenbanken erlauben im Gegensatz zu Suchmaschinen eine bessere Kontrolle über die Suchergebnisse. Es wird nur exakt das gesucht, was Sie eingeben und es werden keine automatischen Erweiterungen oder Korrekturen der Suchbegriffe vorgenommen. Außerdem können Sie Trefferlisten mit Filtern weiter eingrenzen und Sie können die Sortierung der Treffer von dem – auch hier meist nicht näher erläuterten – Relevanz-Ranking z. B. auf „Erscheinungsjahr" umstellen. Sie lassen Ihre Suche nicht durch intransparente Algorithmen fremdbestimmen.

Außerdem sind Inhalte in Datenbanken qualitätsgeprüft und Sie finden ausschließlich Treffer zu Ihrem Fachgebiet. Dabei sind die wichtigsten Zeitschriften des jeweiligen Faches in Datenbanken immer berücksichtigt. Bei Suchmaschinen können Sie sich nicht sicher sein, was darin zu finden ist.

Die Vorteile wissenschaftlicher Suchmaschinen können hingegen die Interdisziplinarität und die Menge der nachgewiesenen Titel sein. Sie bieten darüber hinaus Zugang zu digitalisierten Büchern und freien Volltexten, die Sie auch ohne Zugang zu einer Bibliothek nutzen können.

3.1.3 Aktuelle Entwicklungen: Grenzen verschwimmen

Grenzen
verschwimmen

Heute **verschwimmen die Formen der Suchinstrumente immer mehr**. Die Suchmaschinen geben hier die Trends vor. Ziel ist es, immer mehr Literatur in einer Quelle auffindbar zu machen, nach Möglichkeit das gesamte Dokument zu durchsuchen und frei im Internet verfügbar zu sein. So gibt es neue Formen von Katalogen, sogenannte **Discovery**

Systeme, die auch vor Ort lizenzierte Aufsätze verzeichnen; und es gibt Datenbanken, die frei im Internet angeboten werden (z. B. Econ-Biz, > Kap. 3.3.4). Auf der anderen Seite gibt es aber auch Suchmaschinen, die sich auf wissenschaftliche Inhalte beschränken (z. B. Google Scholar, > Kap. 3.4.6), was bisher die Domäne der Datenbanken war. Wir können also gespannt sein, wie die Informationslandschaft in einigen Jahren aussieht.

3.1.4 Deep Web

Keines der Suchinstrumente weist alle relevanten Publikationen für Ihre Arbeit / Ihr Fach nach – auch nicht die Suchmaschinen. Das liegt einerseits daran, dass gar nicht alles im Internet ist (z. B. Bücher oder ältere Aufsätze), andererseits aber auch daran, dass sich noch nicht alle Verlage, Datenbanken und Kataloge für die Indexierung durch Suchmaschinen geöffnet haben. **Nicht alle Inhalte des Internets sind darum über Suchmaschinen zu finden!** Das **Deep Web**, der Teil des Internets, der nicht durch Suchmaschinen erfasst wird, ist Schätzungen zufolge deutlich größer als das sichtbare Web. Das Deep Web umfasst u. a.:

Deep Web

- Inhalte aus bibliographischen Datenbanken, Fakten-Datenbanken und Katalogen (zu großen Teilen),
- dynamische Inhalte (z. B. Tabellen, die durch Auswahl von Variablen zusammengestellt werden),
- passwortgeschützte Inhalte,
- Inhalte einiger Datei-Formate, die nicht indexiert werden können (z. B. Texte aus Multimedia-Dateien).

3.2 Bibliothekskatalog: Suche nach Büchern und Zeitschriften ODER: Suche nach einer bestimmten Publikation

3.2.1 Was finde ich im Katalog?

Bibliothekskataloge (Katalog und Bibliothekskatalog werden in diesem Buch synonym verwendet) verzeichnen das, **was in einer Bibliothek vorhanden ist** oder **via Lizenz** (> Kap. 2.3) zugänglich gemacht wird. Ihr Ziel ist nicht, für ein Fachgebiet möglichst umfassend die gesamte Literatur nachzuweisen, sondern zu zeigen, was Sie in einer bestimmten Bibliothek finden können (und wo). Kataloge sind meist fachübergreifend (Katalog einer großen Universitätsbibliothek), können je nach

Katalog = Bestandsnachweis

Ausrichtung der Bibliothek aber auch fachspezifisch sein (Katalog der Bibliothek des Deutschen Instituts für Wirtschaftsforschung).

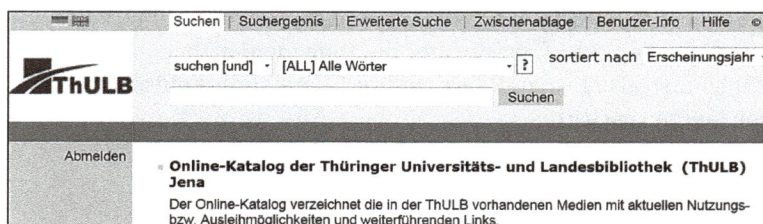

Abb. 2: Einfache Suche im Katalog (Stand 17.1.2014).

Kataloge verzeichnen nur Bücher und *Periodika* (Serien / Zeitschriften).

> **Tipp:** Alle **Online-Zeitschriften, auf die Sie in Ihrer Bibliothek zugreifen** können, **sind im Katalog verzeichnet**. Wenn Sie eine Zeitschrift nicht im Katalog finden, ist es nicht nötig, den Zugang zu dieser Zeitschrift zusätzlich in den einzelnen Datenbanken zu prüfen.
>
> Was Sie hingegen häufig **nicht im Katalog** finden, sind **frei im Internet verfügbare Zeitschriften oder Serien.** Diese gehören nicht zum Bibliotheksbestand und werden darum meist nicht verzeichnet.

Keine Aufsätze

Aufsätze aus Zeitschriften und Sammelwerken sind nicht im Bibliothekskatalog zu finden! Nutzen Sie Datenbanken für die thematische Suche nach Aufsätzen (> Kap. 3.3).

> **Tipp:** Wenn Sie einen Ihnen **bekannten Aufsatz suchen,** suchen Sie im Katalog nach dem Titel der Zeitschrift oder des Buches, worin der Aufsatz erschienen ist. So prüfen Sie, ob der Aufsatz in Ihrer Bibliothek vorhanden ist.

Keine Suche im gesamten Dokument

Eine Besonderheit von Katalogen ist, dass hier **nur die Beschreibung der Publikation durchsucht** wird (die sogenannten Metadaten), d. h. Titel, Erscheinungsjahr, Personen, Schlagwörter (> Kap. 1.2), ISBN, ISSN und ggf. noch das Inhaltsverzeichnis von Büchern. Anders als in Datenbanken und Suchmaschinen wird nicht das gesamte Dokument nach Ihrem Suchbegriff durchsucht. Das führt zu weniger Treffern und bedeutet, dass Sie Ihre Suche mit weniger spezifischen Begriffen durchführen sollten, um alle relevanten Publikationen zu finden.

> **Tipp:** Sollten Sie **im Katalog wenig zu Ihrem Thema finden,** probieren Sie eine Suche mit Oberbegriffen. Sehen Sie dann die Inhaltsverzeichnisse der gefundenen Bücher und Zeitschriften daraufhin durch, ob etwas zu Ihrem Thema enthalten ist.

3.2.2 Was finde ich im Katalog 2.0? : Discovery Systeme

Wenn Sie selbst schon einmal Aufsätze und Volltexte im „Katalog" Ihrer Bibliothek gefunden haben, dann kann es damit durchaus seine Richtigkeit haben.

Seit einiger Zeit bieten manche Bibliotheken als zentralen Sucheinstieg sogenannte **Discovery Systeme** an. In diesen sind auch Zeitschriftenaufsätze aus lizenzierten Zeitschriften zu finden, die sonst nur in einer Datenbank enthalten sind. Discovery Systeme finden Sie beispielsweise in Form des EBSCO Discovery Service (z. B. USB Köln), der Summon-Technologie (z. B. KonSearch, UB Konstanz) oder der Primo-Software (z. B. Disco, ULB Münster).

Discovery System

Abb. 3: Beispiel für ein Discovery System, Auswahl „mit Artikeln" oder „ohne Artikel" (Stand 17.1.2014).

Hier abbiegen:
Wenn Sie jetzt gleich in einem Ihnen bekannten Katalog suchen wollen, gehen Sie zu *Suche durchführen* (> Kap. 4).

3.2.3 Wichtige Kataloge

Der **Katalog Ihrer Hochschulbibliothek** ist sicherlich immer der erste Einstieg in die wissenschaftliche Literaturrecherche. Hier können Sie direkt:

Lokal

– Signaturen (numerische Bezeichnungen des Aufstellungsortes in der Bibliothek) aufschreiben, um Bücher und Zeitschriften im Regal zu finden und auszuleihen.

– Bücher und Zeitschriften aus einem Magazin (nicht zugängliche Räume einer Bibliothek) zum Ausleihtresen bestellen. Diese können Sie dann i.d.R. erst zeitverzögert abholen.
– Bücher, die ausgeliehen sind, vormerken.

Wenn Sie im Katalog Ihrer Hochschule nicht fündig werden, können Sie überregionale Kataloge nutzen. Dies hilft Ihnen festzustellen,

– ob eine andere Bibliothek in Ihrer Nähe Bücher und Zeitschriften zu Ihrem Thema hat oder
– ob eine Ihnen bekannte Publikation in einer anderen Bibliothek vorhanden ist, so dass Sie sie via Fernleihe oder Dokumentlieferdienst (> Kap. 19.3) bestellen können.

Hier abbiegen:
Wenn überregionale Kataloge für Sie momentan nicht relevant sind, springen Sie direkt zum Kapitel *Datenbanken* (> Kap. 3.3).

Regional

Die deutschen Bibliotheken haben sich regional zu Verbünden zusammengeschlossen und bieten **regionale Verbundkataloge**.

Verbund	Region
BVB: Bibliotheksverbund Bayern (www.bib-bvb.de)	Bayern
GBV: Gemeinsamer Bibliotheksverbund (www.gbv.de)	Bremen, Hamburg, Mecklenburg-Vorpommern, Niedersachsen, Sachsen-Anhalt, Schleswig-Holstein, Thüringen
Hebis: Hessisches Bibliotheks-Informationssystem (www.hebis.de)	Hessen
HBZ: Verbund beim Hochschulbibliothekszentrum des Landes Nordrhein-Westfalen (www.hbz-nrw.de)	Nordrhein-Westfalen, Rheinland-Pfalz (Ausnahme: Region Rheinhessen mit Mainz und Worms, diese sind in Hebis)
KOBV: Kooperativer Bibliotheksverbund Berlin-Brandenburg (www.kobv.de)	Berlin und Brandenburg
SWB: Südwestdeutscher Bibliotheksverbund (www.bsz-bw.de)	Baden-Württemberg, Saarland, Sachsen

Tab. 3: Übersicht über Bibliotheksverbünde in Deutschland.

National

Alle diese Verbundkataloge (und weitere internationale Kataloge) können parallel im **deutschlandweiten Karlsruher Virtuellen Katalog (KVK)** (www.ubka.uni-karlsruhe.de/kvk.html) durchsucht werden.

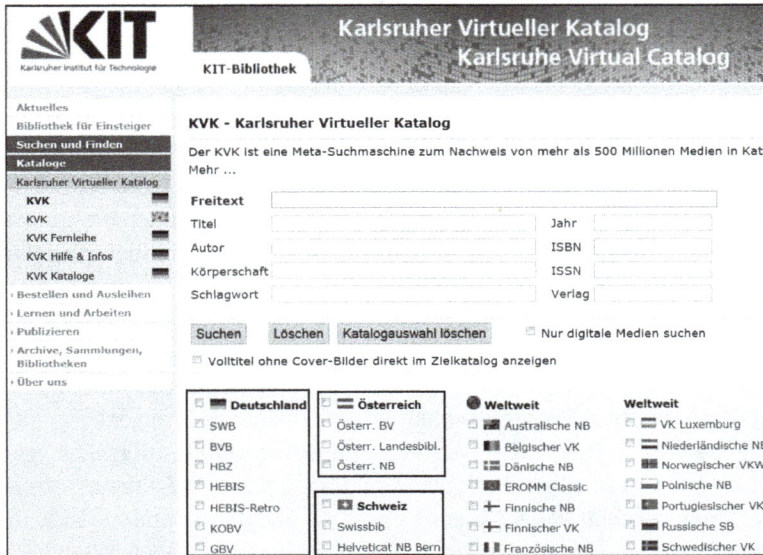

Abb. 4: KVK, mit Klick auf „Deutschland" durchsuchen Sie alle deutschen Kataloge (entsprechende Funktion für Schweiz und Österreich). (Stand 17.1.2014).

In **Österreich** gibt es den Österreichischen Bibliothekenverbund (www.obvsg.at) mit einem Verbund-Katalog. Die teilnehmenden Bibliotheken (über 80 überwiegend wissenschaftliche Einrichtungen sowie die Nationalbibliothek) sind auf der Seite genannt.

In der **Schweiz** gibt es Swissbib (www.swissbib.ch), den Metakatalog der Schweizer Hochschulbibliotheken und der Schweizerischen Nationalbibliothek.

Eine Suche in Bibliotheksbeständen **aus aller Welt** bietet der **WorldCat** (www.worldcat.org). Der Schwerpunkt liegt hier auf Bibliotheken aus den USA. Deutsche Bibliotheken sind bisher weniger vollständig vertreten.

Weltweit

Hier abbiegen:
Wenn Sie jetzt gleich in einem der vorgestellten Kataloge suchen wollen, gehen Sie zu *Suche durchführen* (> Kap. 4).

Datenbank

3.3 (Bibliographische) Datenbank: Suche nach Aufsätzen ODER: Möglichst vollständige Suche nach aktuellen Titeln

In Datenbanken werden die wichtigsten Forschungsergebnisse / Aufsätze eines Faches von Expertinnen und Experten ausgewählt und so verzeichnet, dass eine kontrollierte Suche möglich ist.

3.3.1 Was sind bibliographische Datenbanken?

Begriff

Bibliographische Datenbanken sind Datenbanken, die Literatur nachweisen. Die Vorsilbe „Biblio" steht für alles, was mit Büchern zu tun hat (Bibliothek, bibliophil, usw.), heute verzeichnen bibliographische Datenbanken aber meist Aufsätze.

Auch Kataloge sind, wenn in elektronischer Form, bibliographische Datenbanken. Man unterscheidet sie jedoch begrifflich, um zu verdeutlichen, dass in Katalogen der Bestand einer Bibliothek verzeichnet ist. In bibliographischen Datenbanken wird hingegen unabhängig vom Standort der Literatur **möglichst vollständig** alles verzeichnet, was in einem Fachgebiet publiziert wird. **Aufsätze** aus Zeitschriften machen dabei meist den größten Teil der Sammlung aus. In Datenbanken werden Inhalte nach Qualitätsrichtlinien intellektuell ausgewählt. Die Daten werden strukturiert abgelegt (Personen, Titel, Erscheinungsjahre, etc. sind als solche gekennzeichnet) und Publikationen werden mit Schlagwörtern (> Kap. 1.2) beschrieben. Dadurch ist eine exakte Suche und Sortierung möglich.

Volltextdatenbank

Hinweis: Die meisten bibliographischen Datenbanken enthalten heute auch Volltexte und sind damit gleichzeitig **Volltextdatenbanken**. In diesem Buch wird diese Unterscheidung nicht kenntlich gemacht. Datenbanken, die Literatur verzeichnen, werden immer als bibliographische Datenbanken bezeichnet.

3.3.2 Kostenlose Nutzung von Datenbanken: Lizenzen

Datenbank-Lizenzen

Datenbanken werden größtenteils kommerziell betrieben. Sie finanzieren sich aber nicht wie Suchmaschinen durch Werbung, sondern durch den Verkauf von Lizenzen an Bibliotheken (und die sind meist nicht billig!). Das hat einerseits Einfluss auf die Trefferliste. In Datenbanken werden keine persönlichen Daten gesammelt, die Einfluss auf das Ranking haben, es gibt keine bezahlten Treffer und keine Werbung. Andererseits hat es aber auch Einfluss auf den Zugang zu Datenbanken. Diese sind meist nicht frei im Internet verfügbar, sondern können nur in dem IP-Bereich (im Uni-Netz, an den Computern Ihrer Bibliothek oder auf dem Campus) genutzt werden, für die eine Lizenz erworben wurde. Teilweise ist auch ein Zugang via Remote Access möglich.

Tipp: Lizenzen für Datenbanken werden von Bibliotheken für viel Geld eingekauft. Sie haben den **Vorteil, sogenannten „expert generated content" kostenlos nutzen** zu können. Prüfen Sie, auf welche kostenpflichtigen Datenbanken Sie in Ihrer Bibliothek Zugriff haben.

Tipp: Fragen Sie in Ihrer Bibliothek, ob Sie die lizenzierten Datenbanken auch via **Remote Access** von zuhause aus nutzen können.

3.3.3 Wie finde ich die richtige Datenbank? : DBIS

Datenbanken sind nicht so umfassend wie Suchmaschinen. Sie spezialisieren sich teilweise auf eine Materialart (Presse-Datenbanken), auf einen Fachausschnitt (VWL), einzelne Regionen oder Sprachen (USA / englischsprachige Literatur) oder treffen eine Auswahl der zu verzeichnenden Literatur anhand verschiedener individueller Sammelprofile. Das bedeutet für Sie, dass Sie – wenn Sie Ihr Thema möglichst umfassend erschließen wollen – in zwei bis drei Datenbanken suchen sollten.

Datenbank finden

Wie wählen Sie aber aus der Fülle der Datenbaken die richtigen aus?

- Einerseits können Sie Ihre Dozentin / Ihren Dozenten fragen, welche Datenbanken für Ihr Thema am wichtigsten sind.
- Auch die Expertinnen und Experten aus Ihrer Bibliothek können Ihnen die wichtigsten Datenbanken für Ihr Fach nennen. Fragen Sie danach an der Information. Ggf. werden Sie von dort an wirtschaftswissenschaftliche Fachreferenten weiter verwiesen, die das Fach in der Bibliothek betreuen.
- Auch manche Kataloge / Discovery Systeme enthalten Hinweise auf passende Datenbanken zu Ihrem Suchwort.
- Oder Sie suchen in DBIS, dem Datenbank-Infosystem.

Tool-Tipp: DBIS – Datenbank-Infosystem

Tool-Tipp: DBIS

http://rzblx10.uni-regensburg.de/dbinfo

DBIS ist ein Verzeichnis von über 10.000 wissenschaftlichen Datenbanken aller Fachgebiete, das von über 250 Bibliotheken in Deutschland, Österreich und der Schweiz gemeinsam betrieben wird. Bei lizenzpflichtigen Datenbanken können Sie erkennen, in welcher Bibliothek

Anleitung für DBIS

die betreffende Datenbank für Sie kostenlos zugänglich ist. Freie Datenbanken sind ebenfalls enthalten und als solche gekennzeichnet.

Beim Einstieg in DBIS sehen Sie zunächst eine Fächer-Übersicht. Unter „Wirtschaftswissenschaften" finden Sie die **Top-Datenbanken** Ihrer Bibliothek für dieses Fach. Deren Beschreibung können Sie via Klick auf den Titel anschauen und die Relevanz für sich bewerten. Ist nicht das Richtige dabei, können Sie die Suche nutzen. In der erweiterten Suche können Sie z. B. den Datenbank-Typ (Firmendatenbank, Aufsatzdatenbank, Faktendatenbank, ...) auswählen und die Suche auch ohne Eingabe von Suchwörtern abschicken.

Tipp: Wenn Sie DBIS über Ihre Bibliotheks-Website aufrufen, sehen Sie die Datenbanken Ihrer Bibliothek. Das erkennen Sie am Logo im Kopf der Seite. Um auch **Datenbanken zu finden, die in anderen Bibliotheken vorhanden sind**, klicken Sie links auf „Bibliotheksauswahl / Einstellungen" und im Pulldown-Menü ganz oben auf „Gesamtbestand in DBIS". In dieser Ansicht finden Sie bei jeder Datenbank ein Pulldown-Menü mit den besitzenden Bibliotheken.

Abb. 5: DBIS, Top-Datenbanken für Wirtschaftswissenschaften der Uni-Bibliothek Mannheim (Stand 17.1.2014).

3.3.4 Wichtige wirtschaftswissenschaftliche Datenbanken

Wichtige Datenbanken

Die im Folgenden vorgestellten Datenbanken sind die vier bedeutendsten bibliographischen Datenbanken für die Wirtschaftswissenschaften. *EBSCO Business Source* und *ProQuest ABI/INFORM* sind die größten international verfügbaren Datenbanken. Sie sind in vielen Bibliotheken durch den Einkauf von Lizenzen (> Kap. 3.3.2) für Sie frei zugänglich. Prüfen Sie in DBIS (> Kap. 3.3.3), ob Ihre Bibliothek oder eine Bibliothek in Ihrer Nähe dabei ist oder fragen Sie an der Information.

EconBiz und *WISO* werden in Deutschland betrieben und haben dementsprechend mehr Literatur auf Deutsch, aus dem deutschsprachigen Raum und zu Themen mit diesem geographischen Bezug. EconBiz ist frei im Internet zugänglich, enthält aber selbst keine Volltexte. Teilweise finden Sie Volltext-Links zu frei verfügbaren Publikationen, teilweise werden Sie auf lizenzierte Volltexte Ihrer Bibliothek geleitet oder können eine Bibliothek auswählen und die Verfügbarkeit dort prüfen. WISO ist via Lizenz in Bibliotheken zugänglich und eignet sich am besten zur Recherche nach praxisnaher Literatur mit Bezug zum deutschsprachigen Raum.

Tipp: Wählen Sie je nach Thema (geographischer Bezug / Praxisbezug / ...) und Zugang z. B. zwei Datenbanken aus, mit denen Sie sich näher beschäftigen.

1. **EBSCO Business Source**: eine der weltweit größten wirtschaftswissenschaftlichen Datenbanken

EBSCO Business Source

Alleinstellungs-merkmale	Eine der wirtschaftswissenschaftlichen Datenbanken mit dem größten Umfang und der größten Verbreitung weltweit
Zugang	Lizenzpflichtig, für Sie kostenlos in vielen Bibliotheken (http://search.ebscohost.com)
Versionen	Premier, Elite, Complete (hier dargestellt)
Geographisch	Welt mit Schwerpunkt auf anglo-amerikanischem Raum
Thematisch	BWL, VWL
Publikations-arten	Aufsätze aus Zeitschriften, eBooks, Fallstudien, Länderberichte, Branchenberichte, Unternehmensprofile, Interviews
Thesaurus (> Kap. 1.2)	Ja, in der oberen horizontalen Navigation der Seite zu finden.
Suchfunktionen (> Kap. 4)	– Filter setzen: Nur scholarly (peer reviewed, > Kap. 18.2) Articles finden – Sucht nur das exakt eingegebene Wort, Trunkierung mit Stern (*). – Phrasensuche mit Anführungszeichen – Trefferliste filtern – Erweiterte Suche – Boolesche Operatoren groß und Englisch (AND (voreingestellt), OR, NOT) – Filter setzen: Nur Publikationen finden, die in dieser Datenbank im Volltext vorliegen.

Sortierung	Relevanz (voreingestellt), Datum, Personen
Service	– Via pdf-Link direkt auf Volltexte zugreifen.
	– Merklisten speichern (überall abrufbar, wo die Datenbank lizenziert ist).
	– Treffer in Zitierstil ausgeben
	– Titel in Literaturverwaltungsprogramme exportieren
	– Enthält auch Vorlesungs-Videos, SWOT-Analysen, Regionale Business News, Autorenprofile, Marktstudien.
	– Benachrichtigung über neu eingetragene Treffer zur Suche (> Kap. 15.1)
Teildatenbanken	EconLit, Business Source, Regional Business News
Betreiber	EBSCO

Hinweis: Oft gibt es unterschiedliche Zuschnitte einer Datenbankfamilie unter verschiedenen Namen. EBSCO Business Source Premier ist beispielsweise eine Teilmenge aus EBSCO Business Source Complete.

2. EconBiz: wirtschaftswissenschaftliche Fachliteratur aus Deutschland und der Welt

EconBiz

Alleinstellungs-merkmale	– Frei im Internet
	– Deutsche und internationale Publikationen finden
	– Bücher, Aufsätze aus Büchern finden
	– Beratung zur Literatur- und Faktenrecherche via Chat und E-Mail
Zugang	Frei im Internet (www.econbiz.de)
Geographisch	Welt – für deutschsprachigen Raum, Afrika, Asien und europäische Länder umfassender als die anderen vorgestellten Datenbanken.
Thematisch	BWL, VWL
Publikations-arten	Aufsätze aus Zeitschriften, Aufsätze aus Büchern, Bücher, Zeitschriften, Working Papers, Dissertationen, Lehrbücher, Fallstudien
Thesaurus (> Kap. 1.2)	Ja, in der oberen Navigation abrufbar (STW)

Suchfunktionen (> Kap. 4)	– Sucht nur das exakt eingegebene Wort, Trunkierung mit Stern (*). – Phrasensuche mit Anführungszeichen – Trefferliste filtern – Erweiterte Suche – Boolesche Operatoren groß und Englisch (AND (voreingestellt), OR, NOT) – Häkchen setzen: Nur freie Volltexte finden.
Sortierung	Relevanz (voreingestellt), Datum, Personen
Service	– Via Link direkt auf viele Volltexte zugreifen. – Merklisten speichern – Sharing von Merklisten via Link-Versand – Treffer in Zitierstil ausgeben – Titel in Literaturverwaltungsprogramme exportieren – Beratung via Chat und E-Mail (EconDesk) – Veranstaltungskalender – Benachrichtigung über neu eingetragene Treffer zur Suche (RSS-Feeds), (> Kap. 15.1).
Teildatenbanken	RePEc, ECONIS, Online Contents Wirtschaftswissenschaften, BASE (Fachausschnitt), Katalog der USB-Köln (Fachausschnitt)
Betreiber	Deutsche Zentralbibliothek für Wirtschaftswissenschaften – Leibniz Informationszentrum Wirtschaft (ZBW)

3. **ProQuest ABI/INFORM**: In Größe und Profil vergleichbar mit EBSCO Business Source

		ProQuest ABI/INFORM
Alleinstellungs-merkmale	Eine der wirtschaftswissenschaftlichen Datenbanken mit dem größten Umfang und der größten Verbreitung weltweit	
Zugang	Lizenzpflichtig, für Sie kostenlos in vielen Bibliotheken (http://search.proquest.com)	
Versionen	Global, Complete (hier dargestellt)	
Geographisch	Welt mit Schwerpunkt auf anglo-amerikanischem Raum	
Thematisch	BWL, VWL	
Besonderheit	Auswahl „Wirtschaft" auf der ProQuest-Startseite, um zu ABI/INFORM zu gelangen.	
Publikations-arten	Aufsätze aus Zeitschriften, Dissertationen, Unternehmenspro-file, Fallstudien, Working Papers, Länder- und Branchenberichte	
Thesaurus (> Kap. 1.2)	Ja, in der erweiterten Suche	

Suchfunktionen (> Kap. 4)	– Filter: durch Fachleute geprüfte (peer reviewed, > Kap. 18.2) Aufsätze finden. – Sucht automatisch Wortvarianten mit. Um das zu unterdrücken, setzen Sie Begriffe in Anführungszeichen. – Phrasensuche mit Anführungszeichen – Trefferliste filtern – Erweiterte Suche – Boolesche Operatoren groß und Englisch (AND (voreingestellt), OR, NOT) – Filter setzen: Nur Publikationen finden, die in dieser Datenbank im Volltext vorliegen.
Sortierung	Relevanz (voreingestellt), Datum
Service	– Via pdf-Link direkt auf Volltexte zugreifen. – Merklisten speichern (überall abrufbar, wo die Datenbank lizenziert ist). – Treffer in Zitierstil ausgeben – Titel in Literaturverwaltungsprogramme exportieren – Zugehörige Abbildungen / Tabellen suchen – Suchwortvorschläge – Benachrichtigungen über neu eingetragene Treffer zur Suche (> Kap. 15.1).
Betreiber	ProQuest

WISO

4. WISO: Datenbank für praxisnahe Literatur

Alleinstellungsmerkmale	Praxisnahe Literatur aus dem deutschsprachigen Raum
Zugang	Lizenzpflichtig, für Sie kostenlos in vielen Bibliotheken (www.wiso-net.de)
Geographisch	Welt mit Schwerpunkt auf deutschsprachigem Raum
Thematisch	Wirtschaftspraxis, BWL, VWL
Publikationsarten	Aufsätze aus Zeitschriften, aus Magazinen, aus Branchen- und Verbands-Publikationen, eBooks
Thesaurus (> Kap. 1.2)	Ja, in der oberen Navigation abrufbar (STW)
Suchfunktionen (> Kap. 4)	– Sucht exakt eingegebenes Wort. Trunkierung (auch am Anfang des Wortes oder in der Mitte) mit Stern (*). – Phrasensuche mit Anführungszeichen – Trefferliste filtern – Erweiterte Suche – Boolesche Operatoren klein und Deutsch (*und* (voreingestellt), *oder*, *nicht*).

Sortierung	Datum; Umsortierung nicht möglich
Service	– Via pdf-Link direkt auf Volltexte zugreifen.
	– Merklisten dauerhaft speichern (überall abrufbar, wo die Datenbank lizenziert ist).
	– Titel in Literaturverwaltungsprogramme exportieren
	– Suchwortvorschläge beim Einzeltreffer
	– Benachrichtigungen über neu eingetragene Treffer zur Suche (> Kap. 15.1).
Betreiber	GBI Genios

Hier abbiegen: Wenn Sie jetzt gleich in einer der vorgestellten Datenbanken suchen wollen, gehen Sie zu *Suche durchführen* (> Kap. 4).

Nur am Rande

Weitere Datenbanken, die Sie jedoch **zu Beginn Ihres Studiums noch nicht unbedingt brauchen,** seien hier nur am Rande erwähnt. Sie werden zwar viel genutzt, aber wir zeigen im Folgenden einige Gründe dafür, sich erst einmal auf die oben genannten Datenbanken zu konzentrieren. Wenn Ihnen die folgenden (oder andere, hier nicht aufgeführte) Datenbanken von Ihrer Dozentin / Ihrem Dozenten empfohlen werden, vertrauen Sie aber darauf. Ihre Betreuer kennen die speziellen Anforderungen für Ihr Thema am besten.

EconLit

EconLit (www.aeaweb.org/econlit) von der American Economic Association (AEA) umfasst die Fachgebiete Volkswirtschaft, Wirtschaftsgeographie, Wirtschaftsgeschichte, Wirtschaftspolitik und Wirtschaftstheorie. Betriebswirtschaftliche Literatur ist nicht enthalten. EconLit ist Teil von EBSCO Business Source (s.o.) und kann darin auch separat durchsucht werden.

JSTOR

JSTOR (www.jstor.org) ist ein Non-Profit-Produkt, das jedoch lizenzpflichtig ist, um die laufenden Kosten zu decken. Beachten Sie bei JSTOR die „**Moving Wall**". Aufsätze der aktuellsten ca. drei bis elf Jahrgänge von Zeitschriften sind häufig nicht im Volltext verfügbar und großenteils auch nicht verzeichnet. Für die Suche nach **älteren Aufsätzen** eignet sich JSTOR sehr gut. Die Zeitschriften wurden häufig ab dem ersten erschienenen Heft rückwirkend digitalisiert und über JSTOR zugänglich gemacht. Viele Aufsätze, die Sie in JSTOR finden, finden Sie auch in den anderen genannten Datenbanken.

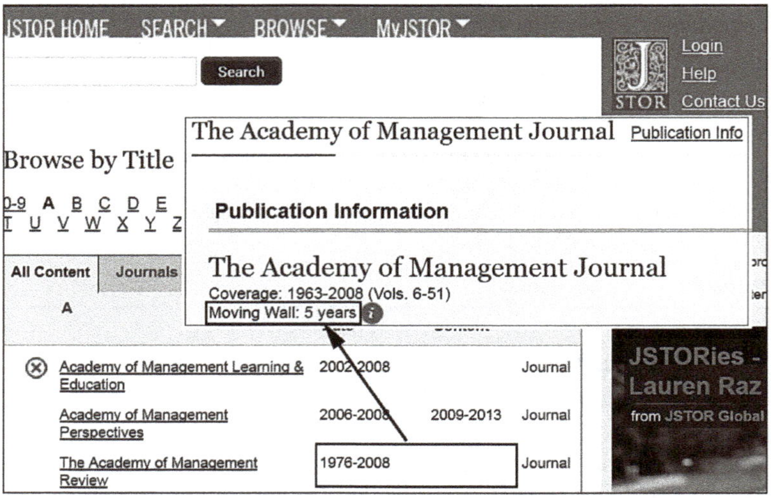

Abb. 6: Zeitschrift in JSTOR mit fünfjähriger „Moving Wall". Für die genannte Zeitschrift sind die aktuellsten Artikel weder im Volltext verfügbar noch mit Titeln nachgewiesen. (Stand 17.1.2014).

RePEc

RePEc Ideas (http://ideas.repec.org) ermöglicht die Eintragung **wirtschaftswissenschaftlicher Working Papers** und anderer Publikationen (überwiegend VWL) **durch die** weltweite **Forscher-Community.** Damit macht es Volltexte an einer Stelle zugänglich. Die RePEc-Daten sind auch in EconBiz (s.o.) enthalten. Darin können Sie RePEc auch separat durchsuchen.

Eine nähere Beschreibung von RePEc finden Sie im Abschnitt *Advanced* unter *Fachportale* (> Kap. 9.1).

SSRN

SSRN (www.ssrn.com) ist ein Pendant zu RePEc. Nach einer kostenfreien Registrierung ist SSRN ebenfalls frei zugänglich und bietet überwiegend **Working Papers aus BWL und VWL zum kostenlosen Download.** Wer durch den Zugang zu lizenzierten Datenbanken nicht auf frei verfügbare Papers angewiesen ist und nicht zwingend den tagesaktuellen Stand der Forschung benötigt, kann die geprüften, in Zeitschriften publizierten Aufsätze verwenden, die i.d.R. aus einem freien Working Paper entstehen. Damit sparen Sie sich die Suche in SSRN und bekommen geprüfte Qualität.

Eine nähere Beschreibung von SSRN finden Sie im Abschnitt *Advanced* unter *Fachportale* (> Kap. 9.1).

Fazit Datenbanken

In Datenbanken werden **die wichtigsten Forschungsergebnisse durch Expertinnen und Experten ausgewählt und zusammengetragen**. Sie können (noch) nicht durch (wissenschaftliche) Suchmaschinen ersetzt werden.

3.4 (Wissenschaftliche) Suchmaschine: Suche nach Working Papers, Websites, Blogs

3.4.1 Was finde ich in Suchmaschinen?

Suchmaschinen

Suchmaschinen sind die Giganten der Informationslandschaft. Sie versuchen unabhängig von Qualität und Zielgruppe der Information alles zu indexieren und suchbar zu machen, dessen sie im Internet habhaft werden können. Sie vereinen mehr Information an einer Stelle, als dies je in der Geschichte der Fall war. Durch **einfache Sucheinstiege, Fehlertoleranz** bei Suchbegriffen, immer intelligentere **Rankings** und Personalisierung der Trefferlisten haben sie darüber hinaus die User für sich gewonnen. Sie bewirken neue Gewohnheiten in der Informationsrecherche. In den letzten Jahren haben sich Suchmaschinen in großen Schritten weiterentwickelt. Google hat z. B. neben vielen anderen Diensten die wissenschaftliche Suchmaschine Google Scholar bereitgestellt. Auch die Suche in (wissenschaftlichen) Suchmaschinen sollten Sie für Ihre Recherche nicht auslassen.

Nicht spezialisiert

Aber Achtung: Das Nutzerspektrum von Suchmaschinen erstreckt sich über alle Altersgruppen, alle Fachgebiete und alle Bildungssparten. In Suchmaschinen werden Nachrichten über Stars genauso gesucht und gefunden wie hoch spezialisierte Forschungsergebnisse; das Kino-Programm genauso wie die nächste wissenschaftliche Tagung. Ebenso stellen sowohl Laien als auch Expertinnen und Experten Inhalte im Internet bereit. Diese **Fülle an Information** führt fast immer zu sehr langen Trefferlisten – von denen jedoch i.d.R. nur die erste Seite beachtet wird. Die Rankings der Suchmaschinen spielen darum eine entscheidende Rolle für ihre Nutzbarkeit. Die Algorithmen der Rankings sind jedoch nicht bekannt und die **Sortierung ist nicht durch Sie beeinflussbar**. Sie können nie wissen, welche Informationen, die für Sie besonders relevant wären, erst auf den hinteren Seiten auftauchen.

3.4.2 Suchmaschinen im wissenschaftlichen Kontext

Suchmaschinen und Wissenschaft

Nutzen Sie allgemeine Suchmaschinen im Kontext der wissenschaftlichen Recherche insbesondere für das Auffinden von **Institutionen, Unternehmen, Blogs, aktuellen Nachrichten, Personen oder z. B. von Filmen und Bildern zu Ihrem Thema.** Auch wenn Sie einen ganz bestimmten Text suchen (*Known Item Search* > Kap. 4.2) sind Suchmaschinen hilfreich. Für die thematische Suche nach wissenschaftlicher Literatur eignen sich allgemeine Suchmaschinen weniger oder gar nicht. Die Zeit, die Sie durch den schnellen Sucheinstieg gewinnen, verlieren Sie mehrfach durch das Herausfiltern der relevanten Treffer aus dem Sammel-surium der Ergebnisse. Ein Blick auf wissenschaftliche Suchmaschinen lohnt sich in diesem Zusammenhang hingegen schon.

3.4.3 Was finde ich in wissenschaftlichen Suchmaschinen?

Pro

Wissenschaftliche Suchmaschinen werden für die wissenschaftliche Literaturrecherche immer relevanter. Auch sie sind automatisiert erstellt und prüfen die Inhalte nicht intellektuell nach Qualitätskriterien. Wissenschaftliche Suchmaschinen **beschränken** aber **ihre Content-Lieferanten soweit es geht auf Verlage, Datenbank-Anbieter und wissenschaftliche Institutionen**. Sie analysieren darüber hinaus die Literaturverzeichnisse der ihnen bekannten Literatur und stellen auch die dort verzeichneten Titel als Suchergebnisse bereit. So weisen sie kostenlose, lizenzpflichtige (> Kap. 2.3) und sogar auch nur gedruckt vorliegende Aufsätze und Bücher nach.

Achtung: Lizenzpflichtige Aufsätze in Suchmaschinen

Manchmal wundert man sich, warum ein Aufsatz, den man gestern noch im Volltext ansehen konnte, heute nicht mehr zu öffnen ist und ein Passwort verlangt wird. Das kann daran liegen, dass Sie in einem anderen Netz surfen – nicht auf dem Campus sind oder sich nicht via Remote Access eingewählt haben.

Wissenschaftliche Suchmaschinen enthalten nicht nur kostenlose Publikationen, sondern verzeichnen auch lizenzpflichtige Volltexte (> Kap. 2.3). Sie leiten Sie – wenn für Ihre IP-Adresse eine Lizenz vorliegt – direkt auf den Artikel. Das passiert im Hintergrund und Sie merken gar nicht, dass die Bibliothek Ihnen diesen Artikel zur Verfügung stellt.

Sobald Sie außerhalb des Uni-Netzes surfen, merken Sie aber sehr schnell, wie viel wissenschaftlicher Content immer noch kostenpflichtig ist und nicht für alle frei im Netz steht.

Wissenschaftliche Suchmaschinen sind – anders als die meisten Datenbanken – **interdisziplinär**. Gerade bei Themen, die über Fachgrenzen hinweg schauen, bieten sie darum einen hilfreichen Einstieg in die Recherche.

Die Interdisziplinarität kann für die Recherche aber auch hinderlich sein. Wenn Ihr Thema fachspezifisch ist, fällt viel Rechercheballast aus anderen Fächern an, der zeitaufwändig herausgefiltert werden muss.

Contra

Darüber hinaus gilt für wissenschaftliche Suchmaschinen, was auch für die allgemeinen Suchmaschinen gilt: eine **kontrollierte Suche und die Kontrolle der Sortierung sind nicht flächendeckend möglich**. Die schieren Massen von unstrukturierten Daten, die hier versammelt sind, erlauben keine zuverlässige Filterung der Treffer und auch keine Umsortierung. Sie könnten aktuellere Publikationen übersehen, weil sie nicht unter den ersten Treffern sind und Sie die Sortierung nicht auf „Erscheinungsjahr" umstellen können.

Auch können Sie nicht sicher sein, dass die Aufsätze der wichtigsten Zeitschriften zu Ihrem Thema vollständig verzeichnet sind.

3.4.4 Suchmaschinen und Datenschutz

Ein ganz anderer Aspekt in der Nutzung von Suchmaschinen ist der **Schutz der Privatsphäre**. Suchmaschinen – insbesondere Google mit seinem umfassenden Angebot – können wissenschaftliche Themen, die Sie bearbeiten, Freizeitinteressen, Aufenthaltsort, E-Mail-Inhalte und Netzwerke zu einem Profil zusammenführen. Abgesehen davon, was damit in Zukunft noch möglich sein wird, werden jetzt schon Trefferlisten anhand Ihres Profils sortiert – und Sie können dadurch Informationen übersehen, die Ihre Sicht erweitern und Ihrem Thema neue Aspekte hinzufügen können. Verwenden Sie am besten verschiedene Suchmaschinen. So haben Sie eine bessere Chance auf Vollständigkeit und Sie ermöglichen niemandem ein vollständiges Profil von Ihnen anzulegen. Überlegen Sie ggf. auf alternative Anbieter auszuweichen, die auf Datenschutz Wert legen (z. B. DuckDuckGo und Startpage > Kap. 3.4.5).

Datenschutz

- Sie wissen am besten, welche Informationen für Sie am relevantesten sind. Lassen Sie nicht (ausschließlich) Suchmaschinen bestimmen, auf welchen Informationen Sie Ihre Forschung aufbauen.
- Nutzen Sie wissenschaftliche Suchmaschinen nur in Kombination mit Datenbanken.
- Nutzen Sie allgemeine Suchmaschinen im Kontext der wissenschaftlichen Recherche in erster Linie zur Suche nach Institutionen, Unternehmen, Blogs, aktuellen Nachrichten, Personen oder z. B. von Filmen und Bildern zu Ihrem Thema.

Fazit Suchmaschinen

3.4.5 Einzelne allgemeine Suchmaschinen

Google

Google (www.google.com / www.google.de)
Die Suchmaschine Google hat durch die Größe des Index, Fehlertoleranz und das sehr treffsichere Ranking fast schon Monopolstellung (zumindest in Deutschland). Das Internet wird häufig mit dem gleichgesetzt, was es in Google gibt. Warum das nicht richtig ist, wurde im Abschnitt *Deep Web* (> Kap. 3.1.4) beschrieben.

Startpage

Startpage (www.startpage.com)
Startpage von ixquick ist die **anonyme Google-Suche**. Sie führt den Slogan „the world's most private search engine". Die Suchergebnisse werden laut eigenen Angaben von Google generiert.

DuckDuckGo

DuckDuckGo (www.duckduckgo.com / www.ddg.gg)
DuckDuckGo wirbt mit dem Slogan „Search anonymously. Find instantly". Auch diese Suchmaschine spricht also all diejenigen an, die auf **Datenschutz** Wert legen. Die Ergebnisse können durchaus mit Google mithalten.

bing

bing (www.bing.com / www. bing.de)
Mit der Suchmaschine bing, die seit 2009 online ist, hat Microsoft Google die Konkurrenz angesagt. bing bietet neben einer Web-Suche auch eine separate Suche nach Bildern, Videos, Karten und News.

Ask

Ask (www.ask.com / http://de.ask.com)
Ask versucht Antworten auf Fragen zu geben. Suchen Sie z. B. nach: „Was ist die Hauptstadt von Australien?" erhalten Sie darauf neben Websites auch eine Antwort. Ansonsten ist Ask eine gut funktionierende Suchmaschine, die auch eine separate Suche nach Bildern und Videos bietet.

3.4.6 Einzelne wissenschaftliche Suchmaschinen

Google Scholar

Google Scholar (www.scholar.google.com)
Google Scholar ist der Dienst von Google, der zum Ziel hat, ausschließlich wissenschaftlich relevante Publikationen nachzuweisen. Er **beschränkt seine Content-Lieferanten soweit es geht auf Verlage, Datenbank-Anbieter und wissenschaftliche Institutionen**. Darüber hinaus analysiert Google Scholar die Literaturverzeichnisse der indexierten Literatur und stellt auch die dort verzeichneten Titel als Suchergebnisse bereit.

Bei einzelnen Treffern finden Sie die Anzahl der Zitationen und einen Link zu den Veröffentlichungen, die dieses Paper zitieren. Sie können ähnliche Artikel finden und sich Titeldaten in verschiedenen Zitierstilen anzeigen lassen.

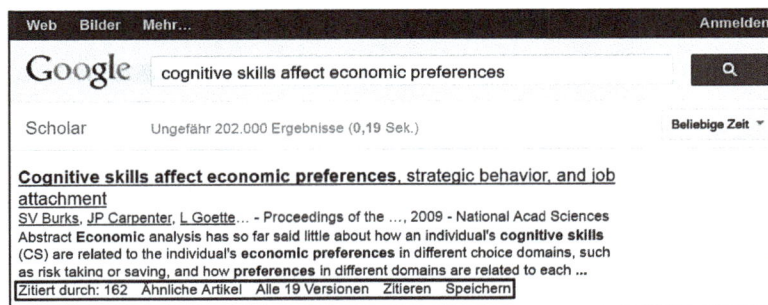

Web Bilder Mehr...		Anmelden

Google | cognitive skills affect economic preferences | 🔍

Scholar | Ungefähr 202.000 Ergebnisse (0,19 Sek.) | Beliebige Zeit ▾

Cognitive skills affect economic preferences, strategic behavior, and job attachment
SV Burks, JP Carpenter, L Goette... - Proceedings of the ..., 2009 - National Acad Sciences
Abstract **Economic** analysis has so far said little about how an individual's **cognitive skills** (CS) are related to the individual's **economic preferences** in different choice domains, such as risk taking or saving, and how **preferences** in different domains are related to each ...
Zitiert durch: 162   Ähnliche Artikel   Alle 19 Versionen   Zitieren   Speichern

Abb. 7: Einzeltreffer in Google Scholar (Stand 17.1.2014).

Achtung: Die Filter- und Sortier-Möglichkeiten, die Google Scholar links neben der Trefferliste anbietet, **funktionieren nicht zuverlässig**. Nur da, wo Google Scholar Daten von Verlagen in strukturierter Form erhält, können z. B. Erscheinungsjahre verlässlich zugeordnet werden.
Probieren Sie einmal die Suche nach: *„Youth Unemployment" Greece*. Bei der voreingestellten Sortierung nach Relevanz erhalten Sie ein Vielfaches der Treffer, die Sie erhalten, wenn Sie links auf „Nach Datum sortieren" umstellen. Ihnen werden dann nur noch „im letzten Jahr hinzugefügte Artikel" angezeigt. (Stand 01.2014)

Bielefeld Academic Search Engine (BASE) (www.base-search.net)   BASE
BASE bezeichnet sich selbst als eine der größten Suchmaschinen für wissenschaftlichen Content und bietet mehr als 50 Mio. überwiegend freie Volltexte von ca. 2.700 Anbietern. Gehostet wird BASE bei der Uni-Bibliothek Bielefeld. Die Datenlieferanten sind in den Suchergebnissen klar erkennbar – so können Sie die wissenschaftliche Qualität der Publikationen besser einschätzen. Auch bietet BASE zahlreiche Exportformate, Filtermöglichkeiten und eine erweiterte Suche. Mit dem eingebundenen EuroVoc-Thesaurus können Sie auch multilinguale Synonyme mitsuchen.

Laut eigenen Angaben unterscheidet sich Base von anderen Suchmaschinen durch:

– Intellektuelle Auswahl der indexierten Quellen,
– Transparenz der Inhalte durch Angebot eines Quellenverzeichnisses,

- Erschließung von Internetquellen des Deep Web, die in kommerziellen Suchmaschinen nicht indexiert werden und
- verschiedene Möglichkeiten zur Sortierung der Trefferliste.

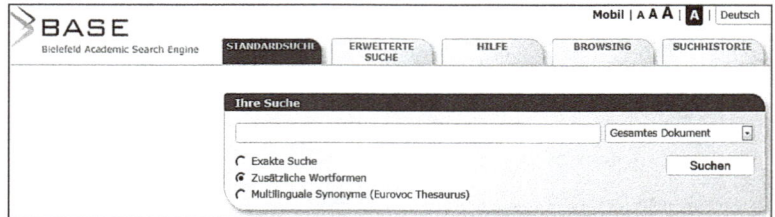

Abb. 8: Suche in BASE (Stand 17.1.2014).

Microsoft Academic Search (http://academic.research.microsoft.com)
In Microsoft Academic Search können Sie neben einer einfachen Suche einzelne Fächer wählen. In einer Fachansicht finden Sie die sogenannten „Top Authors" mit Publikationslisten, Zitationszahlen, Zugehörigkeit zu einer Einrichtung und weitern Features.

Zu einzelnen Suchen (z. B. economic growth) werden Begriffs-Definitionen angezeigt und es ist eine Filterung nach Konferenzen, Zeitschriften und Personen möglich. Dabei ist unklar, wie viel Prozent der Treffer mit den entsprechenden strukturierten Daten versehen sind.

Hier abbiegen:
Wenn Sie jetzt gleich einzelne Suchmaschinen ausprobieren wollen, lesen Sie weiter bei *Suche in Suchmaschinen* (> Kap. 4.3).

Sie sind in der glücklichen Lage, ein umfassendes Angebot an Suchinstrumenten nutzen zu können. So gab es vor 2004 z. B. noch keine wissenschaftlichen Suchmaschinen und Datenbanken waren nicht in dem Umfang frei verfügbar. Diese Situation hat aber die Kehrseite, dass Sie aus einer Fülle von Suchinstrumenten das Richtige auswählen müssen und **nicht darum herumkommen, in mehreren Datenbanken, Katalogen und Suchmaschinen parallel zu recherchieren**.

4 Suche durchführen

Sobald Sie wissen, wo Sie suchen wollen, können Sie überlegen, wie Sie die Suche durchführen. Dabei unterscheidet sich das Vorgehen bei der **thematischen Recherche** von der sogenannten „known item search", bei der Sie eine **bereits bekannte Publikation suchen**, um diese im Volltext zu lesen.

Suche durchführen

Die **Suche in Suchmaschinen**, die im dritten Abschnitt dieses Kapitels behandelt wird, lässt sich weniger steuern als die Suche in Datenbanken und Katalogen. Auch hierfür gibt es jedoch einige Tipps.

Lernziele

– Wie kann ich in Datenbanken und Katalogen die besten Ergebnisse erzielen?
– Welche Tricks gibt es für die Suche in Suchmaschinen?
– Was sind Trunkierung, Phrasensuche und Boolesche Operatoren?
– Wie suche ich am besten nach einer mir bekannten Publikation?

4.1 Thematische Suche in Katalogen und Datenbanken

In Katalogen und Datenbanken werden Sie selten so viele Treffer bekommen wie in Suchmaschinen. Das hängt damit zusammen, dass in Katalogen z. B. nur die Beschreibungen der Publikationen (die sogenannten Metadaten) durchsucht werden und nicht der gesamte Volltext. Hier empfiehlt es sich also, weniger Suchbegriffe einzugeben und z. B. Oberbegriffe für die Suche zu verwenden. In den meisten Datenbanken werden zwar auch die Volltexte mit durchsucht, die enthaltenen Publikationen beschränken sich aber auf ein bestimmtes Fach oder besonders qualitative Aufsätze, so dass Sie hier weniger – aber auch relevantere – Treffer erzielen werden als in Suchmaschinen.

Datenbank- und Katalog-Suche

In Katalogen und Datenbanken können Sie Ihre Suche steuern, da die enthaltenen **Daten strukturiert abgelegt** sind. Personen, Titel, Erscheinungsjahre usw. sind klar als solche gekennzeichnet und darum auch gezielt suchbar.

Darüber hinaus werden sogenannte **Schlagwörter** vergeben, die Publikationen inhaltlich beschreiben. In Datenbanken ist der normierte Wortschatz (*Thesaurus* > Kap. 1.2), der für die Schlagwortvergabe verwendet wird, häufig zugänglich. Er ist ein gutes Instrument zur Bestimmung der besten Suchbegriffe in dieser Datenbank.

Schlagwörter

Neben der gezielten Suche nach Personen, Jahren, Schlagwörtern usw. können Sie in Datenbanken und Katalogen ganz spezifisch festlegen, ob Sie z. B. nur genau das eingegebene Wort oder auch Pluralformen oder andere Wortendungen mitsuchen wollen. Sie bestimmen, ob die Wörter genau nebeneinander stehen sollen oder irgendwo im Dokument vorkommen müssen.

Das ist für die wissenschaftliche Recherche häufig außerordentlich hilfreich, da Sie die **Trefferliste sehr genau bestimmen** können.

Ziel Ihrer Suche sollte immer sein, Trefferlisten zu generieren, die am **präzisesten zu Ihrem Thema passen**. Es sollte nicht das Ziel sein, möglichst viele Treffer zu erzielen oder nur eine Handvoll, damit sich die Bearbeitungszeit in Grenzen hält (Ausnahme ist hier z. B. die Suche nach Lehrbüchern zur Einarbeitung in ein Thema).

Bekommen Sie eine sehr lange Liste passender Literatur, können Sie prüfen, ob Sie nur das Aktuellste verwenden wollen, nach Qualitätskriterien filtern (> Kap. 18.2) oder ob Sie Ihr Thema ggf. spezifizieren müssen, um es im Rahmen Ihrer Arbeit bewältigen zu können.

Wenn Sie trotz der Anwendung der genannten Tipps sehr wenig passende Treffer finden, denken Sie darüber nach, ob Sie Ihr Thema ausweiten müssen. Halten Sie in beiden Fällen Rücksprache mit der Person, die Ihre Arbeit betreut.

Tipp: Bei der wissenschaftlichen Literaturrecherche ist es wichtig, **mehr als die erste Trefferseite auszuwerten**. Wenn die ersten zwei bis drei Trefferseiten überwiegend nicht relevant sind, passen Sie Ihre Suche noch einmal an. Bei einer Liste mit relevanten Treffern ist es gut, diese ganz durchzusehen bzw. die Treffer der letzten ca. 10 Jahre vollständig zu sichten.

Hilfetexte

Hilfetexte

Das Sprichwort „Kennt man eine – kennt man alle" trifft zwar grob auf Datenbanken und Kataloge zu, d. h. sobald Sie sich mit der Suche in Datenbanken und Katalogen vertraut gemacht haben, können Sie Ihre Kenntnisse auf andere Suchinstrumente dieser Art übertragen. Dennoch funktioniert jede Datenbank im Detail etwas anders – und gerade das führt bei denjenigen, die es gewohnt sind, mit „Trial and Error" zu arbeiten, sehr leicht zu Frustration. Die Such-Funktionalitäten sind nämlich nicht selbsterklärend und nicht durch „Trial and Error" zu ermitteln. Sehen Sie in die Hilfetexte der Kataloge und Datenbanken, die meist im Kopf der Seite verlinkt sind.

Tipp: Widerstehen Sie dem Drang, sofort etwas in den Suchschlitz zu schreiben und die Suche abzuschicken. **Sehen Sie vor der ersten Nutzung in die Hilfetexte der Datenbanken und Kataloge, die für Sie am wichtigsten sind.** Wenn Sie wissen, wie Sie dort die besten Suchergebnisse erzielen, **sparen Sie sich viel Zeit und Nerven**. Der Aufwand, die Hilfetexte zu lesen, fällt nur beim ersten Mal an und zahlt sich sehr schnell aus.

Trunkieren: Alle Endungen finden

Wörter werden in Datenbanken und Katalogen i.d.R. nur exakt so gesucht, wie sie eingegeben werden. Das ist den meisten durch die Fehlertoleranz der Suchmaschinen nicht klar.

Beispiel: Mit der Suche nach *Weltmeisterschaft*, finden Sie nicht die Publikationen,
die ausschließlich die Pluralform „Weltmeisterschaften" enthalten. Die Publikation
„Zur Evaluierung der sozio-ökonomischen Effekte von Fußball-Weltmeisterschaften"
würde, obwohl sie für die Suchanfrage relevant ist, nicht als Treffer ausgegeben
werden.

Wenn Sie alle Endungen mitsuchen wollen, setzen Sie ein Zeichen zur
Trunkierung (von lat. truncare = beschneiden / engl. truncate = kürzen, stutzen) ans Ende des Begriffs. Das ist i.d.R. ein **Stern** *, teilweise
wird aber auch ein ?, ! oder ein anderes Zeichen verwendet (s. Hilfetexte).

Beispiel: *Armut** findet Armut, Armutspolitik, Armutsbekämpfung, ...

Überlegen Sie, welches die günstigste Stelle für die Trunkierung ist.
Setzen Sie das Zeichen zu früh, erhalten Sie viele irrelevante Treffer,
setzen Sie es zu spät, bleiben interessante Begriffe unberücksichtigt.

Hinweis: Manche Datenbanken **trunkieren automatisch** am Ende des Wortes. Am
Anfang des Wortes wird aber selten trunkiert. Eine Suche nach *Marketing* findet also
nicht automatisch *Onlinemarketing*.

Wildcards: Genau ein Zeichen ersetzen

Während Sie mit der Trunkierung (s.o.) am Ende des Begriffs beliebig
viele Zeichen ersetzen können, ersetzen Wildcards genau ein Zeichen
am Ende oder in der Mitte des Begriffs. Das ist besonders hilfreich,
wenn sich deutsche und englische Begriffe ähneln oder amerikanische
und britische Schreibweisen voneinander abweichen. Als Wildcard
wird häufig das **?** verwendet, teilweise aber auch das $-Symbol oder
ein anderes Zeichen (s. Hilfetexte).

Beispiele: Mit der Suche nach *Ma?edonien* finden Sie sowohl *Mazedonien* als auch
Makedonien, *Organi?ation* findet sowohl *Organization* als auch *Organisation*.

Phrasensuche: Wörter nebeneinander stehend suchen

Wissenschaftliche Begriffe bestehen – insbesondere im Englischen –
häufig aus mehr als einem Wort. In den meisten Datenbanken und Ka-

talogen werden aber eingegebene Wörter unabhängig voneinander im Dokument gesucht.

Beispiel: Die Suche nach *Social impact* findet auch den Treffer *The impact of corporate social responsibility on corporate governance.*

Wenn Sie Wörter direkt nebeneinander stehend suchen wollen, setzen Sie diese in **Anführungszeichen**. So wird Ihre Treffermenge kleiner aber präziser. Teilweise werden auch andere Zeichen verwendet (s. Hilfetexte).

Beispiel: „*Social Impact*"

Achtung: Einige Datenbanken suchen voreingestellt nach Phrasen. Alle Wörter, die Sie in den Suchschlitz schreiben, werden dann hintereinander stehend gesucht. Um diese Voreinstellung aufzuheben, setzen Sie den Booleschen Operator AND (s. u.) zwischen die Wörter.

Filter

Filter: Suche nachträglich verfeinern

Da viele User es aus Suchmaschinen gewohnt sind, nur wenige Suchbegriffe einzugeben und sich dann auf ein gutes Ranking der Trefferliste zu verlassen, bieten viele Datenbanken und Kataloge heute nachträgliche Filtermöglichkeiten (teilweise bezeichnet als Drilldown oder Facetten). Diese befinden sich meist am linken oder rechten Rand oder müssen via Klick geöffnet werden.

Durch Filterung wird die **Treffermenge kleiner**. Es werden nur noch die Treffer angezeigt, die dem ausgewählten Kriterium entsprechen.

Beispiel: Wenn Sie nach *Sportveranstaltung Wohlfahrtsanalyse* suchen und nur die aktuellsten Publikationen angezeigt bekommen möchten, wählen Sie über Filter z. B. die Erscheinungsjahre 2009–2014.

Mehrsprachig suchen

Mehrsprachig suchen

Führen Sie Ihre Suche in verschiedenen Sprachen durch, um möglichst vollständige Ergebnisse zu bekommen. Für die Übersetzung können Sie den Standard Thesaurus Wirtschaft (STW) (www.zbw.eu/stw), den Thesaurus EuroVoc der EU (www.eurovoc.europa.eu) oder gedruckte und Online-Wörterbücher verwenden.

Tipps für Wörterbücher:

- Ein sehr umfangreiches Online-Wörterbuch ist z. B. LEO (www.dict. leo.org).
- Ein Wörterbuch, das übersetzte Begriffe im Kontext anzeigt, ist Linguee (www.linguee.com).
- Ein gedrucktes Standardwerk für die Wirtschaftswissenschaften ist „Der große Eichborn". Dieser ist in vielen Bibliotheken vorhanden.

Tipp: Manchmal bekommen Sie **mit deutschen Suchbegriffen auch rein englischsprachige Treffer**. Der Grund dafür sind Schlagwörter (> Kap. 1.2), die auch englischen Publikationen in deutschen Katalogen auf Deutsch hinzugefügt werden. Da sich Kataloge (Discovery Systeme) und Datenbanken aber aus immer heterogener werdenden Datenbeständen zusammensetzen, die nicht einheitlich mit Schlagwörtern erschlossen werden, sollten Sie dennoch auf Deutsch **und** Englisch suchen.

Synonyme, Ober- und Unterbegriffe mit suchen

Häufig gibt es in der Wissenschaft verschiedene Bezeichnungen für einen Sachverhalt. Legen Sie sich nicht auf einen Begriff fest, sondern suchen Sie auch nach Synonymen, damit sie alle relevanten Treffer finden.

Beziehen Sie auch verwandte Begriffe, Ober- und Unterbegriffe in die Suche zu Ihrem Thema ein. Bücher behandeln häufig nicht nur Ihr spezielles Thema, sondern darüber hinaus weitere Aspekte. Aufsätze hingegen könnten nur einen Teilaspekt behandeln, der aber für Sie relevant ist.

Synonyme, Ober- und Unterbegriffe finden Sie häufig im Thesaurus einer Datenbank (> Kap. 1.2).

Tipp: Suchen Sie zunächst spezifisch. Finden Sie zu wenig Literatur, weiten Sie die Suche aus.

Beispiel: Sie suchen im Katalog nach Literatur zur Entwicklung der IT-Branche im Bundesstaat Kerala / Indien. Suchen Sie nicht nur nach *IT-Branche Kerala*, sondern auch nach *IT-Branche Indien*.

Boolescher Operator AND: Alle Wörter müssen vorkommen

Wenn Sie mehrere Suchbegriffe in einen Suchschlitz eingeben, bedeutet das bei voreingestellter AND-Verknüpfung, dass alle Begriffe mindestens einmal vorkommen müssen – und zwar irgendwo im Dokument (im Titel, als Schlagwort, als Personenname, o.ä.) und egal in welcher Reihenfolge.

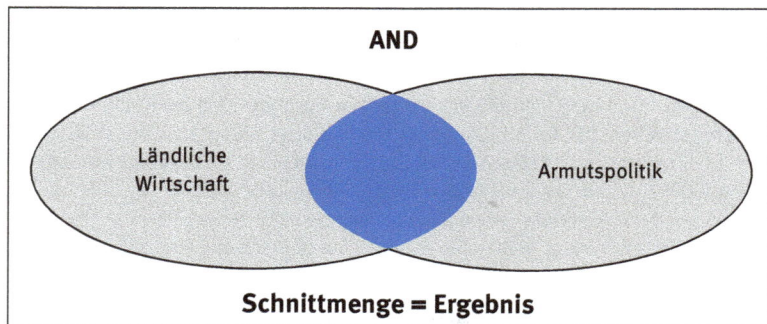

Abb. 9: Operator AND.

Bei einer AND-Verknüpfung wird die **Treffermenge** mit jedem zusätzlich eingegebenen Wort **kleiner**.

Achtung: In einigen (wenigen) Datenbanken ist die Phrasensuche voreingestellt (s. o.), d. h. alle eingegebenen Begriffe werden nur nebeneinanderstehend gesucht. Setzen Sie ein „AND" zwischen die Begriffe, wenn Sie diese Voreinstellung aufheben möchten.

AND muss teilweise groß geschrieben werden, teilweise wird es auf Deutsch, auf Englisch oder als Plus-Zeichen verwendet. Schauen Sie in die jeweiligen Hilfetexte (s. o.).

In vielen Datenbanken und Katalogen gibt es Pulldown-Menüs, in denen die Art der Verknüpfung ausgewählt werden kann. AND wird teilweise umschrieben mit „Alle Wörter suchen" oder „Mit allen Wörtern".

OR-Verknüpfung

Boolescher Operator OR: Eines der Wörter muss vorkommen
Wenn Sie nicht mehrere Suchen durchführen wollen, um auch Übersetzungen und Synonyme eines Begriffs zu suchen, können Sie diese Begriffe mit OR verknüpfen. OR bedeutet: *„Entweder A oder B muss vorkommen."*

Beispiel: Suchen Sie nach *Armutsbekämpfung* OR *Armutspolitik*, um beide Begriffe mit einer Suche abzudecken.

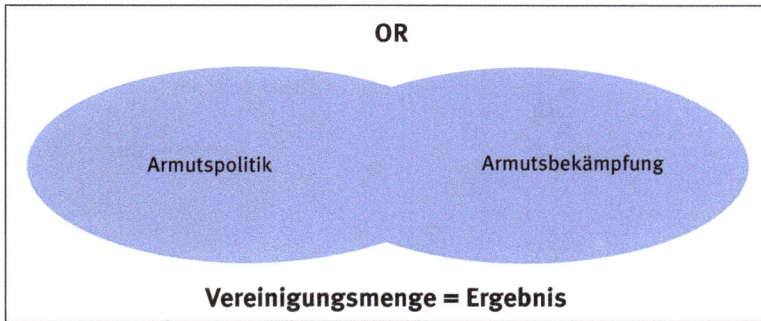

Abb. 10: Operator OR.

Bei einer OR-Verknüpfung wird die **Treffermenge** mit jedem zusätzlich eingegebenen Wort **größer**.

OR muss teilweise groß geschrieben werden, teilweise auf Deutsch oder auf Englisch (s. Hilfetexte).

Wenn Sie einige Begriffe mit OR, andere mit AND verknüpfen wollen, verwenden Sie Klammern (s. u.).

In vielen Datenbanken und Katalogen gibt es Pulldown-Menüs, in denen die Art der Verknüpfung ausgewählt werden kann. OR wird teilweise umschrieben mit „Mit einem der Wörter".

Boolescher Operator NOT: Wörter ausschließen

NOT-Verknüpfung

Mit NOT können Sie Wörter aus Ihrer Suche ausschließen. Das würden Sie z. B. tun, wenn Ihr Begriff in unterschiedlichen Kontexten verwendet wird (z. B. Apple, Bug) oder Sie nur einen Teilaspekt eines Themas berücksichtigen wollen.

Beispiel: Suchen Sie z. B. nach Armutspolitik NOT Entwicklungshilfe, wenn Letztere nicht für Ihr Thema relevant ist.

Der Ausschluss von Wörtern mit NOT wird seltener verwendet, da man aufpassen muss, dass dadurch nicht doch relevante Treffer ausgeschlossen werden.

NOT muss teilweise groß geschrieben werden, teilweise wird das deutsche „nicht" oder das Minus-Zeichen verwendet (s. Hilfetexte).

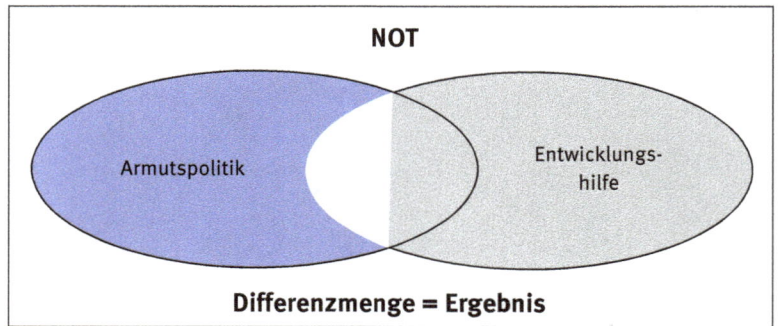

Abb. 11: Operator NOT.

In vielen Datenbanken und Katalogen gibt es Pulldown-Menüs, in denen die Art der Verknüpfung ausgewählt werden kann. NOT wird teilweise umschrieben mit „Ohne die Wörter".

Klammern

Verknüpfung der Booleschen Operatoren mit Klammern
Wenn Sie einige Begriffe Ihrer Suche mit OR, andere mit AND oder NOT verknüpfen wollen, nutzen Sie Klammern. Die gesamte Suchanfrage heißt Suchstring.

Beispiel: Ihr Suchstring könnte z. B. so aussehen:
(Sportveranstaltung OR Großveranstaltung) AND (Makroökonomischer Effekt OR Wohlfahrtsanalyse) NOT Industrieländer

---

Stellen Sie eine NOT-Verknüpfung ans Ende der Eingabe.
Anstatt Klammern können Sie auch die erweiterte Suche (s. u.) nutzen, um mehrere Suchschlitze mit den zugehörigen Pulldown-Menüs für AND, OR und NOT zu verknüpfen.

Suchschlüssel

Suchschlüssel: Suche nach Titel, Person, Schlagwort
Mit Suchschlüsseln können Sie Ihre Suche auf ein bestimmtes Element des Datenbank-Eintrags beschränken, z. B. auf Titel, Personennamen, Schlagwörter oder Inhaltsverzeichnisse. Suchschlüssel können hilfreich sein, wenn Sie große Mengen irrelevanter Treffer bekommen oder wenn Sie nach einer speziellen Publikation suchen (> Kap. 4.2). Sie können sie über ein Pulldown-Menü beim Suchschlitz auswählen. Voreingestellt ist meist der Suchschlüssel „Alle Felder" / „Alle Wörter", „Titel, Themen, Personen" oder anders genannte Schlüssel, die den Datenbestand möglichst breit durchsuchen.

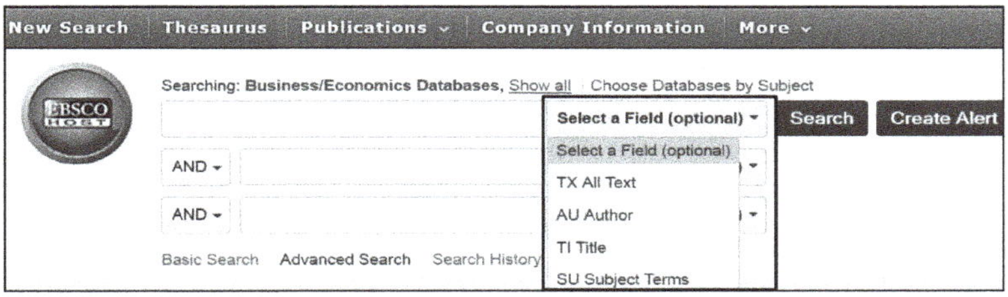

Abb. 12: Suchschlüssel in der Datenbank EBSCO Business Source (Stand 17.1.2014).

Finden Sie zuviel Literatur, können Sie probieren, ob eine **Schlagwort-suche** präzisere Ergebnisse liefert. Mit Schlagwörtern werden Publikationen in Datenbanken und Katalogen inhaltlich beschrieben. Durch die Beschränkung Ihrer Suche auf Schlagwörter werden Publikationen ausgeschlossen, in denen ein Wort zwar vorkommt, die sich inhaltlich aber gar nicht damit beschäftigen.

Suche mit Schlagwörtern

Beispiel: Sie suchen nach Informationen über das *Social Web als Instrument zur Personalbeschaffung*. Die Suche nach „*Social Web*" *Personal** im gesamten Dokument kann zu vielen irrelevanten Treffern führen (auch weil personal* im Englischen etwas anderes bedeutet). Begrenzen Sie Ihre Suche ggf. auf den Suchschlüssel „Schlagwort".

Tipp: Je präziser Sie Ihre Suchanfrage formulieren, desto weniger relevant ist i.d.R. die Eingrenzung auf Schlagwörter für die thematische Suche.

Erweiterte Suche nutzen

Fast alle Datenbanken und Kataloge bieten erweiterte Suchmasken mit mehr als einem Suchschlitz und verschiedenen Filtermöglichkeiten. Durch das nachträgliche Filtern von Trefferlisten nach Jahr, Sprache oder Publikationsart sind diese nicht mehr ganz so wichtig, wie sie es einmal waren. Sie bieten aber einen guten Überblick über die Suchmöglichkeiten in der jeweiligen Quelle.

Erweiterte Suche

Wo keine Filtermöglichkeiten in der Trefferliste vorhanden sind oder die Filter Ihnen nicht die Möglichkeiten geben, Ihre Suchanfrage so zu präzisieren, wie Sie das gern möchten, lohnt sich ein Blick in die erweiterte Suche.

Tipp: Eingaben in **verschiedene Suchschlitze** lassen sich in der erweiterten Suche meist mit Hilfe von Pulldown-Menüs mit Booleschen Operatoren (s.o.) verknüpfen.

Tipp: Mehrere Länder, Sprachen oder Publikationsarten aus angebotenen Listen lassen sich meist mit gedrückter STRG-Taste gleichzeitig auswählen.

Schneeballprinzip

Exkurs zum Schneeballprinzip: Literaturverzeichnisse von Publikationen auswerten

Das Schneeballprinzip für Suchbegriffe, mit dem Sie relevante Treffer auf weitere Suchbegriffe hin durchsehen und diese in Ihrer Worttabelle ergänzen, wurde bereits im Abschnitt *Suchbegriffe identifizieren* (> Kap. 1.2) beschrieben. Ähnlich können Sie mit Literaturverzeichnissen von Publikationen vorgehen. Werten Sie Literaturverzeichnisse darauf hin aus, ob sie Hinweise auf weitere relevante Literatur enthalten.

Tipp: Mit dem Schneeballprinzip können Sie teilweise auch erkennen, welche Personen immer wieder zu ihrem Thema zitiert werden und welches ggf. Standardwerke für Ihr Thema sind.

Achtung: Im Literaturverzeichnis können jeweils nur Publikationen genannt werden, die älter sind als das vorliegende Werk. Wenn Sie sich allein auf das Schneeball-System verlassen, können Sie aktuellere Aufsätze und Bücher übersehen.

Hier abbiegen:

Eine Zusammenfassung der Tipps unterteilt in *mehr Treffer finden* und *weniger Treffer erzielen* finden Sie in der Zusammenfassung *Basics für Eilige* (> Kap. 6.2, Kap. 6.3).

Wenn Sie jetzt sofort in die Recherche einsteigen wollen und Treffer, die Sie finden, verwenden wollen, können Sie weiterlesen bei *Literatur bewerten* (> Kap. 18), *Literatur beschaffen* (> Kap. 19), *Literatur verwalten* (> Kap. 20) und *Literatur zitieren* (> Kap. 21).

4.2 Suche nach einer mir bekannten Publikation

Known item search

Die Suche nach einer Publikation, deren Titel, Autorin, Erscheinungsjahr usw. bereits bekannt sind, sei es **aus einem Literaturverzeichnis oder durch einen Hinweis**, unterscheidet sich von der thematischen Literaturrecherche. Ziel ist es hier, genau den einen richtigen Treffer zu finden – und zwar mit Hinweis auf den Zugang zum gedruckten oder online verfügbaren Volltext. Dass es die Publikation gibt, wissen Sie ja bereits. Jetzt **wollen Sie den Text lesen**. Die geeigneten **Quellen** für diese Suche sind:

1. der **Bibliothekskatalog** (> Kap. 3.2) sowie
2. allgemeine Suchmaschinen oder die wissenschaftliche Suchmaschine Google Scholar (> Kap. 3.4.6).

3. Sollten diese Quellen nicht helfen, können Sie überregionale Bibliothekskataloge (> Kap. 3.2.3) und Zeitschriftendatenbanken (> Kap. 7.2) nutzen, um zu prüfen, ob die Publikation in einer Bibliothek in Ihrer Nähe vorhanden ist oder via Fernleihe oder Dokumentlieferdienst (> Kap. 19.3) bestellt werden kann.

Wenn Sie einige **Tipps** beachten, fällt Ihnen die Suche nach bekannten Publikationen in Katalogen leichter und Sie können häufige Fehlerquellen vermeiden:

Such-Tipps

- Suchen Sie bei der Suche nach Aufsätzen nach der Zeitschrift oder dem Buch, in der / dem dieser Aufsatz erschienen ist. **In Katalogen sind nur Bücher und Zeitschriften**, nicht aber die einzelnen Aufsätze verzeichnet.
- Geben Sie die gesuchten Stichwörter **exakt** (mit Pluralendungen usw.) ein. Kataloge sind nicht fehlertolerant und nehmen keine automatische „Korrektur" Ihrer Eingaben vor.
- Lassen Sie **Sonderzeichen weg**. Diese können als Suchbefehle interpretiert werden oder zu Problemen führen.
- Lassen Sie Artikel (der, die, das, ein, ...) sowie „und" / „oder" usw. weg. Diese könnten als Boolesche Operatoren (> Kap. 4.1) interpretiert werden oder zu null Treffern führen.
- Lösen Sie **abgekürzte Wörter** für die Suche auf oder lassen Sie sie weg.
- Verwenden Sie ggf. **Suchschlüssel** (> Kap. 4.1), um eine präzisere Suche durchführen zu können. Sie können damit Ihre Begriffe wahlweise nur im Titel, Personennamen, o. ä. suchen. Suchschlüssel können meist beim Suchschlitz über ein Pulldown-Menü ausgewählt werden.
- Suchen Sie nur mit dem **Nachnamen** von Personen. Vornamen werden teilweise nur abgekürzt verzeichnet.
- Verwenden Sie bei Büchern, die keine Autoren, sondern Herausgeber haben, nur den **Namen des ersten Herausgebers** für die Suche. Die weiteren werden im Katalog häufig nicht aufgeführt.
- Lassen Sie das **Jahr für die Suche weg**, da es auch weitere Auflagen eines Buches geben kann, die für Sie relevant sind, wenn es die gesuchte Auflage nicht in Ihrer Bibliothek gibt, diese ausgeliehen oder nicht mehr die aktuellste ist.
- Grenzen Sie bei der Suche nach **Zeitschriften** mit sehr allgemeinen Titel-Stichwörtern auf den **Suchschlüssel „Titel"** oder wenn möglich „Titelanfang" oder „Zeitschriftentitel" ein. Suchschlüssel können meist beim Suchschlitz über ein Pulldown-Menü ausgewählt werden.

- Grenzen Sie bei der Suche nach Zeitschriften in der erweiterten Suche oder nachträglich über **Filter** auf die **Publikationsart „Zeitschrift"** ein.
- Verwenden Sie ggf. die eindeutige **ISSN** (International Standard Serial Number) von Zeitschriften für die Suche. Bei der Verwendung der **ISBN** (International Standard Book Number) von Büchern für die Suche sollten Sie jedoch im Kopf behalten, dass dadurch ältere oder neuere Auflagen des Buches, die auch relevant sein könnten, möglicherweise nicht gefunden werden. Beachten Sie, dass für die Suche nach ISSN und ISBN in Katalogen häufig ein eigener Suchschlüssel über ein Pulldown-Menü ausgewählt werden muss.

4.3 Suche in Suchmaschinen

Suchmaschinen

Suchmaschinen stellen ihre Inhalte automatisiert mit Hilfe sogenannter Crawler oder Bots zusammen. Sie hangeln sich von Link zu Link und indexieren jedes Wort einer gefundenen Website, Excel-Tabelle, pdf-Datei usw. Dabei können sie nur in Einzelfällen zuordnen, welches das Erscheinungsjahr von Publikationen ist oder wer die Institutionen / Personen sind, die eine Seite verfasst haben.

Der Erfolg der Suche in Suchmaschinen basiert auf guten Rankings der Trefferlisten. Sie haben dabei wenig Einfluss auf das Ergebnis. Sie können nicht auf ein Fachgebiet, auf einen Zeitraum oder einen inhaltlichen Zusammenhang einschränken. Sie können die Trefferlisten auch nicht anhand bestimmter Kriterien umsortieren, weil diese Kriterien in den Suchmaschinen nicht flächendeckend hinterlegt sind.

Suchmaschinen sind fehlertolerant, i.d.R. wird Ihr Suchbegriff in Suchmaschinen um ähnliche Wörter erweitert.

Dennoch haben Sie auch hier Möglichkeiten, Ihre Suche zu präzisieren. Im Folgenden finden Sie einige Tipps für die Suche, die in vielen Suchmaschinen funktionieren.

Achtung: Die im Folgenden gegebenen Tipps funktionieren in den Suchmaschinen nicht immer zuverlässig.

Hilfeseiten

Hilfeseiten: Auch Suchmaschinen haben sie
Sie sind meist versteckt – aber irgendwo gibt es in jeder Suchmaschine Seiten mit Hinweisen zur Such-Syntax. Wenn Sie eine Suchmaschine besonders häufig nutzen, gucken Sie sich die Tipps einmal an. Dadurch können Sie mühsames Filtern von Trefferlisten per Hand vermeiden.

In bestimmten Dateiformaten suchen (pdf, xls, ...)

Dateiformat

Die Suche nach einem Dateiformat ist häufig mit dem Suchschlüssel *filetype:* und der Dateiendung (ohne Leerzeichen) möglich.

Beispiel: Sie suchen Daten zu Arbeitslosigkeit in den USA, wollen aber nur Excel-Tabellen finden, weil Sie wissen, dass das Statistische Amt diese zur Veröffentlichung verwendet. Suchen Sie nach:
filetype:xls Unemployment USA

Website oder Top-Level-Domain durchsuchen

Website durchsuchen

Die Suche innerhalb einer bestimmten Website / Domain ist teilweise mit *site:* (ohne Leerzeichen) und der URL / Domain oder auch der Top-Level-Domain möglich. Die Top-Level-Domain ist die Endung des Domain-Namens nach dem Punkt wie .de, .com, .edu, .gov, usw.

Beispiel: Sie suchen Daten zu Großunternehmen vom Statistischen Bundesamt. Geben Sie ein: *site:destatis.de Großunternehmen.*
Sie suchen Daten von US-Behörden zur Arbeitslosigkeit. Geben Sie ein:
site:.gov Unemployment

Phrasensuche: Wörter nebeneinander stehend suchen

Phrasensuche

Wenn Sie mehrere Begriffe direkt in einer vorgegebenen Reihenfolge nebeneinander stehend suchen wollen, setzen Sie diese in **Anführungszeichen** (Phrasensuche).

Beispiel: „*Statistics Office*" findet: *National Statistics Office*, aber nicht: *Business Statistics with Microsoft Office.*

Exakten Begriff suchen

Autokorrektur abstellen

Um eine automatische „Korrektur" oder Erweiterung der von Ihnen eingegebenen Begriffe zu verhindern, können Sie auch einzelne Wörter in Anführungszeichen setzen.

Beispiel: Wenn Sie nur *Michael Muller*, aber nicht *Michael Müller* suchen, können Sie auch das einzelne Wort „*Muller*" in Anführungszeichen setzen.

AND

Boolesche Operatoren: AND / OR / NOT

Der Operator **AND** ist meist voreingestellt. D. h. alle eingegebenen Wörter müssen vorkommen. Egal wo und in welcher Reihenfolge. Ein AND muss nicht in den Suchschlitz geschrieben werden.

OR

Der Operator **OR**, mit dem mehrere Begriffe alternativ gesucht werden (Entweder A oder B muss vorkommen) **sollte mit Klammern verwendet werden.**

Beispiel: *(VW OR Volkswagen) AND (Brasilien OR Brazil)*

NOT

NOT wird häufig mit einem Minus (–) dargestellt. Dabei sollten ausgeschlossene Wörter am besten am Ende der Sucheingabe stehen.

Beispiel: *VW Beetle -Bug*

Erweiterte Suche

Erweiterte Suche: Nur noch selten in Suchmaschinen

Einige Suchmaschinen bieten eine erweiterte Suche. Darin können Sie die oben genannten Suchbefehle mit einer vorgegebenen Suchmaske abfragen. Teilweise finden Sie die erweiterte Suche unter der Trefferliste, teilweise unter einem Zahnrad für Einstellungen. Auf der Startseite sind sie selten zu finden. Viele Suchmaschinen verzichten komplett auf eine erweiterte Suche, sicher auch, weil sie wegen der Datenstruktur nicht zuverlässig funktionieren.

Mehrsprachig suchen

Mehrsprachig suchen

Durch das Fehlen von Schlagwörtern (> Kap. 1.2) ist es in Suchmaschinen umso wichtiger, dass Sie Ihre Suche auf Deutsch und Englisch oder in weiteren Sprachen durchführen, um keine relevanten Treffer zu übersehen.

Fazit Kapitel 4

Die Suche in **Datenbanken und Katalogen** bietet viele Möglichkeiten die **Trefferliste** so **präzise** wie möglich zu **bestimmen**. Dadurch können Sie sich viel Zeit mit der Aussortierung nicht relevanter Treffer sparen. Suchen Sie zunächst einmal so genau wie möglich nach Literatur zu Ihrem Thema. Wenn Sie zu wenig finden, weiten Sie die Suche aus. **Scheuen Sie sich nicht davor, mehrere Ergebnisseiten durchzu sehen!**

In **Suchmaschinen** liegen die verzeichneten Inhalte **unstrukturiert** vor. Die Möglichkeiten der Eingrenzung von Trefferlisten beziehen sich dadurch auf technische Gegebenheiten wie URL oder Datei-Format. Nach Erscheinungsjahr, Verfasser/in, Titel oder Publikationsart kann weder gezielt gesucht noch sortiert werden.

5 Häufig gestellte Fragen (Basics)

5.1 Wie finde ich Lehrbücher?

Am Anfang des Studiums oder zum Einlesen in ein Thema benötigen Sie häufig Lehrbücher. In vielen Hochschulbibliotheken gibt es separate Lehrbuchsammlungen, in denen diese in Mehrfachexemplaren zu finden sind. Teilweise sind Lehrbücher auch in den Buchbestand zu Ihrem Fach integriert. Fragen Sie danach in Ihrer Bibliothek.

    Im Katalog können Sie Lehrbücher suchen, indem Sie zu einem Suchbegriff das Wort „Lehrbuch" hinzugeben. Da der Begriff in Katalogen häufig als Schlagwort (> Kap. 1.2) vergeben wird, finden Sie mit diesem auch englischsprachige Lehrbücher.

    Um Ihre Suche jedoch zu vervollständigen, können Sie auch folgende Begriffe zur Suche hinzugeben:

Lehrbuch finden

- Einführung / Introduction
- Grundzüge / Grundlagen / Basic*
- Übung*
- Praxis*

(* Der Stern steht hier für die Trunkierung (> Kap. 4.1), mit der alle Endungen gefunden werden. Manchmal werden hierfür auch andere Zeichen verwendet.)

    Nutzen Sie für die Suche nach Lehrbüchern Oberbegriffe. Lehrbücher werden meist zu größeren Themenbereichen geschrieben. Das heißt aber nicht, dass Ihr spezielles Thema darin nicht auch behandelt würde. Sehen Sie in die digitalisierten Inhaltsverzeichnisse Ihres Katalogs, um zu prüfen, welches Lehrbuch für Ihr spezielles Thema relevant ist.

    Manchmal werden digitalisierte Inhaltsverzeichnisse auch automatisch mit durchsucht oder sie lassen sich durch die Auswahl eines Suchschlüssels (> Kap. 4.1) separat durchsuchen.

Beispiel: Benötigen Sie Grundlagenliteratur zum Thema *Führungsethik*, suchen Sie z. B. nach: *Führungstheorie Lehrbuch* oder nach: *Personalführung Lehrbuch*.

5.2 Wie finde ich Definitionen?

Die Suche nach Definitionen von Begriffen, die Sie in Ihrer Arbeit verwenden, steht häufig am Anfang Ihrer Arbeit. Sie finden diese in Lehrbüchern (> Kap. 5.1) oder Lexika aber auch in Dissertationen.

Definition finden

Wikipedia

Exkurs Wikipedia
Die Wikipedia eignet sich ausschließlich für das Einlesen in ein Thema und zum Auffinden von Literatur und Websites, die im Zusammenhang mit Ihrem Begriff unter dem Artikel aufgeführt sind. (Teilweise bietet die englische Version eines Artikels mehr Literaturstellen als die deutsche). Wikipedia selbst sollten Sie jedoch nicht für das Zitieren in Arbeiten verwenden. Die Herkunft der Information ist ungeklärt und nicht belegt. Sie kann von Laien erstellt worden sein, nur eine Strömung oder Denk-Schule vertreten, flach oder veraltet sein. Ist die Information in Wikipedia mit einer Quellenangabe versehen und ist diese Quelle wissenschaftlich nutzbar, können Sie aus dieser wissenschaftlichen Quelle zitieren (vgl. hierzu auch Kap. 18: *Literatur bewerten*).

Lexika

Gedruckte Lexika finden Sie in Ihrer Bibliothek häufig an einer Stelle zentral für ein Fach aufgestellt. Oder am Anfang eines Themenbereiches in der thematischen Aufstellung im Regal. Fragen Sie danach in Ihrer Bibliothek oder suchen Sie im Katalog z. B. nach einem Oberbegriff und „Wörterbuch", „Nachschlagewerk" oder „Lexikon".

Beispiel: Suchen Sie Lexika zum Controlling z. B. mit
Controlling Wörterbuch,
Controlling Nachschlagewerk oder
Controlling Lexikon

Auf der Suche nach Definitionen sollten Sie nicht nur **ein** Lexikon oder Lehrbuch zu Rate ziehen. Dann werden Sie feststellen, dass Begriffe häufig gar nicht feststehend definiert sind, sondern dass Definitionen variieren. Aus der Information, die Sie zu Ihrem jeweiligen Begriff zusammentragen, erstellen Sie selbst eine fachlich begründete Definition. Diese legt fest, wie Sie im Zusammenhang mit Ihrer Arbeit den Begriff verstehen, was eingeschlossen ist und was in Ihrer Arbeit nicht unter den Begriff fällt.

Tipp: Definieren Sie nur die zentralen Fachbegriffe zu Ihrem Thema. Begriffe der täglichen Sprache müssen nicht definiert werden (in unserem Beispiel-Thema muss z. B. „Sport" nicht definiert werden). Auch müssen Sie nicht alle Fachbegriffe definieren, die Sie in der Arbeit verwenden. Sie wenden sich mit der Arbeit an ein Fachpublikum, so dass das Verständnis der Fachterminologie vorausgesetzt werden kann.

Link-Tipps Online-Lexika

Link-Tipps Lexika

Online-Lexika, die Sie zur Ergänzung der gedruckten Lexika Ihrer Bibliothek verwenden können, sind:

- Gabler Online-Lexikon Wirtschaftswissenschaften
  www.wirtschaftslexikon.gabler.de (frei im Internet)
  Sprache: Deutsch; Fachgebiet: BWL und VWL; laut Angaben des herausgebenden Springer Gabler Verlags: „Qualitätsgeprüftes Wirtschaftswissen von mehr als 150 renommierten Experten aus Wissenschaft und Praxis. Mit über 25.000 Stichworten."
- New Palgrave Dictionary of Economics
  www.dictionaryofeconomics.com (lizenzpflichtig, in vielen Bibliotheken für Sie kostenlos nutzbar)
  Sprache: Englisch; Fachgebiet: Economics; laut Angaben des herausgebenden Palgrave MacMillan Verlags: „[S]igned articles by over 1,500 eminent contributors providing a current overview of economics."
- Concise Encyclopedia of Economics
  www.econlib.org/library/CEE.html (frei im Internet)
  Sprache: Englisch; Fachgebiet: Economics; laut Angaben des herausgebenden Liberty Fund, Inc.: „It features easy-to-read articles by over 150 top economists, including Nobel Prize winners, over 80 biographies of famous economists, and many tables and charts illustrating economics in action."

5.3 Wie finde ich aktuelle Aufsätze?

Aufsätze aus Zeitschriften finden Sie am besten in Datenbanken (> Kap. 3.3). In Katalogen (> Kap. 3.2) finden Sie i.d.R. keine Aufsätze. Darin können Sie nur nach der Zeitschrift oder dem Buch suchen, in der / dem ein Ihnen bekannter Aufsatz erschienen ist. (Eine Ausnahme sind die oben beschriebenen Discovery Systeme, > Kap. 3.2.2).

Aktuelle Aufsätze

Datenbanken verzeichnen überwiegend Zeitschriftenaufsätze. Zusätzlich können sie aber Bücher, Working Papers (> Kap. 2.2.5) oder Presse-Artikel aus Zeitungen und Magazinen enthalten.

Prüfen Sie, ob Sie die Trefferliste so filtern können, dass nur noch Aufsätze angezeigt werden. Einige Datenbanken erlauben auch die **Auswahl „Scholarly / peer reviewed journals"** (> Kap. 18.2). Damit können Sie Aufsätze aus praxisnahen Zeitschriften und Magazinen ausschließen und nur qualitätsgeprüfte Aufsätze finden.

Trefferlisten in Datenbanken und Katalogen lassen sich i.d.R. **nach Aktualität sortieren.** Ist eine Relevanz-Sortierung voreingestellt, können Sie diese auf „Erscheinungsjahr" umstellen, um die aktuellsten Aufsätze zu Ihrer Suchanfrage ganz oben angezeigt zu bekommen.

5.4 Wie gelange ich an den Volltext?

Erläuterungen dazu, wie Sie **von einem Literatur-Nachweis an den (möglichst elektronischen) Volltext** gelangen, finden Sie im Abschnitt *Literatur beschaffen* (> Kap. 19).

5.5 Ich stecke fest, was tun?

Manchmal gerät man an einen Punkt, an dem man allein nicht weiter kommt. Dann ist man versucht, alles aufzuschieben und lenkt sich unbewusst vom Schreiben ab. Der Kühlschrank wird häufiger aufgesucht, man klickt immer häufiger auf Facebook oder schreibt SMS. An diesem Punkt ist es gut, sich Rat zu holen.

Auskunft der Bibliothek

Sollten die Schwierigkeiten mit der Literaturlage zu Ihrem Thema, dem Umgang mit Datenbanken oder der Recherche zusammenhängen, wenden Sie sich am besten an die **Information Ihrer Bibliothek.** Dort sitzen meist bibliothekarische Fachkräfte, die Datenbanken gut kennen und Ihnen weiterhelfen können.

Wer dort nicht weiterhelfen kann, verweist Sie beispielsweise an eine **Fachreferentin** / einen **Fachreferenten** zu Ihrem Fachgebiet. Diese wählen für die Bibliothek wirtschaftswissenschaftliche Bücher und Zeitschriften aus, erschließen sie inhaltlich (Schlagwörter) und kaufen auch Datenbanken für das Fach. Sie kennen sich also sehr gut mit der fachlichen Recherche aus.

Im Internet können folgende Seiten hilfreich sein:

EconDesk

Link-Tipp: Online-Auskunft EconDesk
www.econdesk.de
Alternativ zu Ihrer Bibliothek oder Hochschule (die sich mit den Gegebenheiten vor Ort sehr gut auskennen) können Sie sich an die **deutschlandweite wirtschaftswissenschaftliche Online-Auskunft EconDesk** wenden.

EconDesk erreichen Sie via E-Mail, Chat und Telefon. Der Dienst unterstützt Sie bei der Recherche nach Literatur und wirtschaftswissenschaftlichen Fakten. Er ist kostenlos und nicht an die Mitgliedschaft in einer Bibliothek gebunden.

Link-Tipp: Online-Recherchekurs LOTSE
http://lotse.sub.uni-hamburg.de/wirtschaftswissenschaften
Zum Selbststudium ist neben diesem Buch auch das Online-Tutorial
LOTSE Wirtschaftswissenschaften sehr gut geeignet. Dort finden Sie
Tipps zur Literatur-Recherche und -Beschaffung sowie zum wissen-
schaftlichen Arbeiten.

Zu verschiedenen Themenbereichen gibt es in LOTSE kleine Videos. Außerdem können Sie zu jedem Thema ein Quiz machen, um
Ihre Kenntnisse zu überprüfen.

In LOTSE finden Sie auch Link-Tipps, z. B. zu Blogs und Social Me-
dia, Institutionen der Wirtschaftswissenschaften, Studium, Stipendi-
en und Beruf sowie Faktendatenbanken und Nachschlagewerken.

An Ihrer Hochschule gibt es ggf. weitere Angebote:
Bei **Problemen mit Ihrem Thema und der Themenwahl** wenden
Sie sich am besten an Ihre Dozentin / Ihren Dozenten. Für die **Unter-
stützung beim Schreiben** Ihrer Arbeit gibt es an vielen Hochschulen
Schreibwerkstätten oder Workshops zum wissenschaftlichen Schrei-
ben. Auch bei Problemen mit Schreibblockaden oder dem Zeitmanage-
ment beim Verfassen einer wissenschaftlichen Arbeit gibt es an vielen
Hochschulen Unterstützung.

6 Zusammengefasst: Basics für Eilige

Für alle, die nur wenig Zeit haben, die wichtigsten Aspekte des Abschnitts *Basics* zusammengefasst.

6.1 Wo und wie starte ich meine Suche?

Bereiten Sie Ihre Suche für eine umfangreichere Arbeit vor. Erstellen
Sie eine **Worttabelle mit Synonymen, Übersetzungen, Ober-, Un-
ter- und verwandten Begriffen.** Je besser Sie Ihre Suche vorbereiten,
desto präzisere Treffer bekommen Sie – und Sie sparen sich die Zeit,
Rechercheballast herauszufiltern. Außerdem stellen Sie mit der Vorbereitung sicher, keine relevanten Treffer zu übersehen. Für das Erstellen
von Worttabellen können Sie hierarchische Fach-Wortschätze, sogenannte Thesauri (> Kap. 1.2) zur Hilfe nehmen.

Auch **Mindmaps** können helfen, Ihr Thema zu strukturieren und
einen Überblick zu bekommen.

**Beziehen Sie nicht nur Bücher, sondern auch Aufsätze aus
Zeitschriften und Working Papers in Ihre Arbeit ein.** Aufsätze sind

LOTSE

Für Eilige

Suche vorbereiten

Aufsätze nutzen

auf Grund ihrer geprüften wissenschaftlichen Qualität und der Spezialisierung eine sehr wichtige Ressource für die Forschung. Working Papers werden von Instituten außerhalb von Verlagen meist frei im Internet veröffentlicht. Sie sind nicht durch Externe geprüft, erscheinen aber sehr schnell. Sie spielen in den Wirtschaftswissenschaften ebenfalls eine wichtige Rolle.

Datenbank nutzen

Aufsätze finden Sie in Datenbanken, nicht in Bibliothekskatalogen. Kataloge verzeichnen nur ganze Zeitschriften und Bücher, die sie im Bestand haben. Datenbanken verzeichnen hingegen Aufsätze – und dies für ein Fach so vollständig wie möglich. Die Einbeziehung von Datenbanken ist darum wesentlich für Ihre Recherche. Die vier wichtigsten wirtschaftswissenschaftlichen Datenbanken sind EBSCO Business Source (international), EconBiz (international + deutschsprachiger Raum), ProQuest ABI/INFORM (international) und WISO (deutschsprachiger Raum, praxisnah).

Working Papers finden Sie u. a. in wissenschaftlichen Suchmaschinen (z. B. Google Scholar) aber auch in Fachportalen wie RePEc oder SSRN (> Kap. 9).

Deep Web

Leider ist nicht alles, was im Internet vorhanden ist, über Suchmaschinen zu finden. Zum sogenannten **Deep Web** gehören zum Teil Datenbank-Inhalte mit wissenschaftlicher Literatur, Volltexten und Fakten.

Lizenzen

Aber auch was gefunden wird, ist nicht automatisch frei zugänglich. Wissenschaftliche Verlagsliteratur ist meist kostenpflichtig. So kauft Ihre Bibliothek Lizenzen für Zeitschriften und für Datenbanken und macht sie Ihnen im Campus-Netz, in der Bibliothek oder via Remote Access kostenlos zugänglich. **Ohne Zugang zu einer Bibliothek haben Sie nur sehr begrenzten Zugang zu wissenschaftlicher Literatur.**

Suche

Die Suche in Datenbanken und Katalogen unterscheidet sich von der Suche in Suchmaschinen. Erstere sind etwas komplexer, ermöglichen dafür aber eine **gezielte Steuerung der Suche**.

Tipp: Einen schnellen Überblick über Recherche-Tools und Suchmöglichkeiten bietet auch der mobil optimierte Rechercheguide der ZBW (www.zbw.eu/rechercheguide/zbw-rechercheguide.pdf).

6.2 Zusammengefasst: Weniger Treffer erzielen

Wer **weniger Treffer erzielen** möchte, hat in Datenbanken und Katalogen vielfältige Möglichkeiten, Trefferlisten einzugrenzen. Ziel Ihrer
Recherche sollte aber immer sein, eine möglichst präzise Trefferliste zu
generieren – und daraus das Aktuellste oder qualitativ Hochwertigste
auszuwählen. Berücksichtigen Sie darum auch die Tipps zu *Mehr Treffer finden* (> Kap. 6.3).

    Weniger Treffer erzielen (Details hierzu finden Sie im Abschnitt *Su-
che durchführen* (> Kap. 4).):

Weniger Treffer finden

- Phrasensuche: Mehrere Begriffe direkt nebeneinander stehend su-
  chen. Meist mit Anführungszeichen um mehrere Wörter.
- Mehr Begriffe eingeben. Bei einer voreingestellten logischen AND-
  Verknüpfung führt dies zu weniger Treffern.
- Begriffe mit der logischen Verknüpfung NOT aus der Suche aus-
  schließen.
- Trefferliste nachträglich filtern.
- Suche mit Suchschlüsseln auf Schlagwörter (> Kap. 1.2), Titel oder
  Personen beschränken.
- Erweiterte Suche nutzen.

6.3 Zusammengefasst: Mehr Treffer finden

Wer **mehr Treffer finden** möchte, kann Folgendes probieren (Details
hierzu finden Sie im Abschnitt *Suche durchführen* (> Kap. 4):

Mehr Treffer finden

- Trunkieren: Alle möglichen Endungen des Begriffs mit suchen.
  Häufig mit * am Ende eines Wortes.
- Wildcards: Genau ein Zeichen ersetzen – auch in der Mitte des
  Wortes. Teilweise mit ? oder $.
- Alternative Begriffe mit der logischen Verknüpfung OR suchen:
  (Fußball OR Football OR Soccer).
- Mehrsprachig suchen: Begriffe sowohl auf Englisch als auch auf
  Deutsch suchen.
- Alternativ nach Synonymen, Ober- und Unterbegriffen suchen.
- Schneeballprinzip anwenden: Literaturverzeichnisse relevanter
  Treffer durchsehen.

Advanced: Literatur- und Faktenrecherche für angehende Profis

Als Fortgeschrittene werden Sie sich über einen längeren Zeitraum mit einem Thema beschäftigen. So geht es im Abschnitt *Advanced* zunächst darum, Zeitschriften zu einem Thema zu finden und diese anhand von Rankings zu bewerten. Um die Bewertung einzelner Aufsätze und Personen geht es im Kapitel Zitationsanalyse und Forscher-Rankings.

Neben Tipps zu Fachportalen und Pressedatenbanken, zur Suche nach Dissertationen und Konferenzen sowie zur Nutzung wissenschaftlicher Online-Netzwerke geht es in einem größeren Abschnitt um die Faktenrecherche.

Hier abbiegen:
Wenn diese Themen für Sie momentan nicht relevant sind, gehen Sie direkt zum Abschnitt *Literatur bewerten* (> Kap. 18).

Beim Lesen des Abschnitts *Basics* haben Sie einige Kompetenzen erworben, die mit Lernzielen beschrieben wurden. Lernziel im Abschnitt *Advanced* ist das Kennenlernen der einschlägigen Quellen für die Recherche nach verschiedenen Informationsarten. Lernziele sind darum bei den Kapiteln nicht mehr einzeln aufgeführt.

7 (Die wichtigsten) Zeitschriften finden

Zeitschrift

Wenn Sie sich über einen längeren Zeitraum mit einem Thema beschäftigen, ist es sinnvoll, die wichtigsten Zeitschriften in diesem Fachgebiet zu kennen und regelmäßig durchzusehen.

Die wichtigsten Zeitschriften kann Ihnen zunächst einmal Ihre Professorin / Ihr Professor nennen. Diese können Sie dann im Katalog Ihrer Hochschulbibliothek (> Kap. 3.2) oder in speziellen Zeitschriften-Datenbanken (> Kap. 7.2) finden.

Um die wichtigsten Zeitschriften zu finden, können Sie aber auch Rankings verwenden. Diese spielen auch für die Bewertung von Literatur (> Kap. 18) eine große Rolle.

7.1 Zeitschriften-Rankings

Einige Zeitschriften-Rankings stützen sich auf Umfragen unter Forschenden, andere auf Zitationsanalysen. Für Letztere werden die Literaturverzeichnisse von Zeitschriftenaufsätzen ausgewertet und es wird
ein sogenannter Impact Factor ermittelt. Je häufiger aus einer Zeitschrift zitiert wird, desto höher der „Impact" dieser Zeitschrift für das
betreffende Fachgebiet.

    Rankings, die auf Umfragen basieren – wie beispielsweise das
JOURQUAL-Ranking – ordnen die Zeitschriften nicht nach Impact Fac-
tor, sondern in Kategorien von A+, A, B, C, D bis E. Wenn Sie aus einer
A-Zeitschrift zitieren, können Sie sicher sein, dass dieser Artikel in der
Community als sehr hochwertig angesehen wird. Auch in die Kategorie
E einsortierte Zeitschriften sind aber selbstverständlich zitierbar.

    Im Zusammenhang mit Rankings spielt die ausgewertete Datenba-
sis eine große Rolle. Werden z. B. nur anglo-amerikanische Zeitschriften ausgewertet, werden deutschsprachige Zeitschriften vermutlich
nicht häufig zitiert und bekommen dadurch keinen hohen Impact Factor. Ziehen Sie darum nicht nur international erstellte Rankings heran,
sondern auch nationale. So können Sie prüfen, ob auch deutschsprachige Zeitschriften in Ihrer Forscher-Community eine Rolle spielen.

Rankings

Tipp: Ein großes Problem mit Rankings ist, dass sie **selbstreferentiell** sind. Die Zeitschriften, die hoch gerankt sind, werden mehr zitiert, bekommen dadurch einen
noch höheren Impact-Factor und werden dadurch wieder mehr zitiert usw. Neuere
Zeitschriften haben es dadurch schwer, gegenüber den Traditions-Zeitschriften an
Bedeutung zu gewinnen.
Auch für **speziellere Themen** sind Rankings nicht in dem Maße hilfreich. Zeitschriften, die auf dieses Thema fokussieren, können – obwohl sie durch die kleinere Zielgruppe in Rankings gar nicht enthalten sind – die wichtigsten für Sie sein.
Je mehr Sie selbst zur Expertin / zum Experten werden, desto besser können Sie sich
jenseits von Rankings Ihre eigene Meinung zu Zeitschriften bilden.

Einige Zeitschriften-Rankings im Überblick:

Journal Citation Reports (JCR), international	
Alleinstellungs-merkmal	Weltweit bekanntes Zeitschriftenranking
Zugang	Lizenzpflichtig, für Sie kostenlos in vielen Bibliotheken (www.isiknowledge.com/jcr)
Fachlich	Übersicht über alle Fächer oder Fach-Auswahl z. B. „Business", „Business, Finance", „Management", „Economics".

Journal Citation Reports (JCR)

Journal Citation Reports (JCR), international	
Geographisch	Welt mit Schwerpunkt auf anglo-amerikanischem Raum. Die Zeitschriftenliste kann für einzelne Länder angezeigt werden. Dann ist aber keine fachliche Filterung möglich.
Art	Impact Factor basiert auf Zitationsanalyse (> Kap. 8)
Suchfunktionen	– Fach-Auswahl, Sortierung der Zeitschriften nach Impact Factor, Total Cites, u. ä. – Länder-Auswahl, Sortierung der Zeitschriften nach Impact Factor, Total Cites, u. ä. – Suche nach bekannter Zeitschrift, Anzeige des Impact Factors, Total Cites,u. ä.
Gut zu wissen	JCR ist Teil des ISI Web of Knowledge von Thomson Reuters, genauso wie der Social Sciences Citation Index (SSCI) (> Kap. 8).

Abb. 13: JCR, Auswahl des Faches Business und Sortierung nach Impact Factor. An erster Stelle werden die Zeitschriften „The Academy of Management review" und das „Journal of management" genannt. (Stand 17.1.2014).

Eigenfactor

Eigenfactor, international	
Alleinstellungs- merkmal	Freies internationales Zeitschriftenranking
Zugang	Frei im Internet (www.eigenfactor.org)
Fachlich	Übersicht über alle Fächer oder Fach-Auswahl z. B.„Business", „Business, Finance", „Management", „Economics".
Geographisch	Welt mit Schwerpunkt auf anglo-amerikanischem Raum

Eigenfactor, international

Art	Zitationsanalyse und weitere Berechnungen, (Nach eigenen Angaben: „*The Eigenfactor® score of a journal is an estimate of the percentage of time that library users spend with that journal.*")
Suchfunktionen	– Auswahl eines Faches und Sortierung der Zeitschriften nach Eigenfactor Score (EF) oder durchschnittlichem Article Impact Score (AI) – Auswahl eines Jahres und Sortierung der Zeitschriften nach Eigenfactor Score (EF) oder durchschnittlichem Article Impact Score (AI) – Suche nach bestimmter Zeitschrift. Die Anzeige umfasst EF und AI über mehrere Jahre, Ersterscheinung der Zeitschrift, uvm.
Gut zu wissen	– Betrieben durch: University of Washington – Daten über Zitationen stammen aus Journal Citation Reports (JCR) (s.o.). – Eigenfactor Scores auch in JCR zu finden.

JOURQUAL

JOURQUAL (BWL), Deutschland

Alleinstellungsmerkmal	Zeitschriftenranking der BWL aus Deutschland
Zugang	Frei im Internet (www.vhbonline.org/service/jourqual)
Fachlich	BWL
Geographisch	Welt, Einbeziehung deutscher Zeitschriften
Art	Umfrage unter Forschenden in Deutschland
Suchfunktionen	Anzeige einer Gesamtliste der Zeitschriften.
Version	Liegt in der Version 2.1 vor (2011). Die dritte Version ist in Vorbereitung.
Gut zu wissen	– In der Version 2.0 gibt es Teilrankings für einzelne Fachgebiete. – Erstellt vom Verband der Hochschullehrer der Betriebswirtschaft (VHB).

Was lesen
Ökonomen?

Was lesen und schätzen Ökonomen im Jahr 2011? (VWL), Deutschland	
Alleinstellungs-merkmal	Zeitschriftenranking der VWL aus Deutschland
Zugang	Frei im Internet (http://hdl.handle.net/10419/49023)
Fachlich	VWL
Geographisch	Welt, Einbeziehung deutscher Zeitschriften
Art	Umfrage unter Forschenden in Deutschland
Suchfunktionen	Ausschließlich Anzeige einer Gesamtliste der Zeitschriften (am Ende des Artikels).
Version	Zweite Umfrage dieser Art (2011).
Gut zu wissen	– Erstellt von Michael Bräuninger, Justus Haucap, Johannes Muck. – Umfrage unter den Mitgliedern des Vereins für Socialpolitik.

Weitere frei im Internet verfügbare Zeitschriften-Rankings für die Wirtschaftswissenschaften sind:

- Handelsblatt-Ranking VWL
  www.tool.handelsblatt.com/tabelle/?id=33
- Handelsblatt-Ranking BWL:
  www.tool.handelsblatt.com/tabelle/?id=34 und
- RePEc Journal Ranking
  http://ideas.repec.org/top/top.journals.all.html

Tipp: Weitere Zeitschriftenrankings finden Sie im Journal Ranking Guide unter: www.zbw.eu/jrg

7.2 Zeitschriften in Bibliotheken finden

Zeitschrift finden

Sobald Sie die wichtigsten Zeitschriften identifiziert haben, möchten Sie wissen, wo Sie auf diese zugreifen können.

Erste Anlaufstelle für die Suche nach Zeitschriften ist der Katalog Ihrer eigenen Bibliothek. Darin sind alle gedruckten und elektronischen Zeitschriften nachgewiesen, die in der Bibliothek vorhanden sind.

Eine weitere Möglichkeit zur Suche bieten die im Folgenden vorgestellte Elektronische Zeitschriftenbibliothek (EZB) und die Zeitschriftendatenbank (ZDB). Sie sind deutschlandweite Nachweis-Instrumente von Zeitschriften in Bibliotheken.

Elektronische Zeitschriftenbibliothek (EZB)

http://rzblx1.uni-regensburg.de/ezeit

Die Elektronische Zeitschriftenbibliothek (EZB) verzeichnet **elektronische Zeitschriften**, die in deutschen, österreichischen und schweizerischen Bibliotheken durch Einkauf von Lizenzen (> Kap. 2.3) zugänglich sind. Außerdem werden frei im Internet verfügbare wissenschaftliche Zeitschriften nachgewiesen.

EZB

Die EZB verwendet ein Ampelsystem, um zu zeigen, auf welche Zeitschriften Sie an dem Rechner zugreifen können, an dem Sie gerade sitzen. In der Bibliothek, auf dem Campus, im Uni-Netz oder via Remote Access haben Sie auf weit mehr elektronische Zeitschriften Zugriff als Sie dies ohne Verbindung zu einer Bibliothek hätten. Über Nationallizenzen (> Kap. 19.2) können Sie für einige Zeitschriften auch einen persönlichen, bibliotheks-unabhängigen Zugang bekommen.

Tipp: Die **Ampelanzeige** in der EZB zeigt Ihnen **immer die Zugangsmöglichkeit an Ihrem momentanen Rechner**. Loggen Sie sich ggf. in das Uni-Netz ein, um Zugriff auf Zeitschriften Ihrer Bibliothek zu erhalten.

Das Ampelsystem der EZB

Grün	Frei im Internet zugänglich
Grün-Gelb	Einige Jahrgänge der Zeitschrift sind frei im Internet zugänglich, andere sind an diesem Rechner durch eine Lizenz (> Kap. 2.3) zugänglich und für Sie ebenfalls kostenlos abrufbar.
Gelb	Die Zeitschrift ist an diesem Rechner durch eine Lizenz zugänglich und für Sie kostenlos abrufbar.
Grün-Rot	Einige Jahrgänge der Zeitschrift sind frei im Internet zugänglich, andere sind an diesem Rechner nicht verfügbar.
Gelb-Rot	Einige Jahrgänge der Zeitschrift sind an diesem Rechner durch eine Lizenz zugänglich und für Sie kostenlos abrufbar. Andere Jahrgänge sind an diesem Rechner nicht verfügbar.
Rot	Die Zeitschrift ist an Ihrem Rechner nicht im Volltext zugänglich. Ggf. können Sie Abstracts aufrufen.

Tab. 4: Das Ampelsystem der EZB.

Hinweise zur Nutzung der EZB:

– Hat Ihre Bibliothek keinen Zugang zur Zeitschrift, können Sie unter dem einzelnen Zeitschriftentitel auf: „Liste der teilnehmenden Institutionen, die Volltextzugriff bieten" klicken. Vielleicht ist ja eine Bibliothek in Ihrer Nähe darunter.

– Oder Sie wählen links unter „Bibliotheksauswahl: Einstellungen" eine andere Bibliothek in Ihrer Nähe und sehen sich an, welche Zeitschriften dort vorhanden sind.
– Vielleicht hat Ihre Bibliothek auch nur die gedruckte Ausgabe der Zeitschrift. Prüfen Sie dies in der Zeitschriftendatenbank (ZDB) (s. u.) oder im Katalog Ihrer Bibliothek (> Kap. 3.2).

Tipp: Beachten Sie, dass ältere Jahrgänge von Zeitschriften teilweise nicht digitalisiert sind. Sie können aber als gedruckte Zeitschrift in Ihrer Bibliothek vorhanden sein.

Achtung: In der EZB sind **keine Aufsätze** verzeichnet. Sie können nur nach der gesamten Zeitschrift suchen.

ZDB

Zeitschriftendatenbank (ZDB)
www.zeitschriftendatenbank.de
Zeitschriften und Serien (sogenannte Periodika) fast aller deutschen und einer Vielzahl österreichischer Bibliotheken mit Angabe der vorhandenen Jahrgänge finden Sie in der Zeitschriftendatenbank (ZDB). Die Zeitschriftendatenbank ist also ein relativ vollständiges Verzeichnis aller für den deutschsprachigen Raum relevanten wissenschaftlichen Zeitschriften und Serien in **gedruckter und elektronischer** Form.

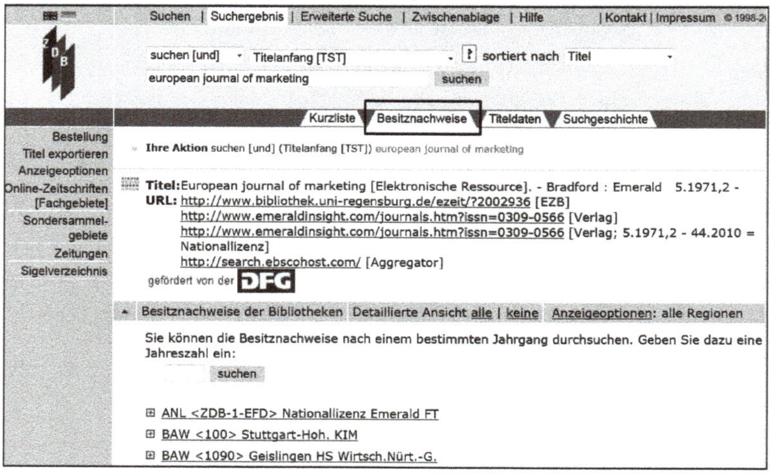

Abb. 14: Besitznachweise in der ZDB (Stand 17.1.2014).

Tipp: Wählen Sie in der ZDB den **Tab „Besitznachweise"**. Geben Sie das gesuchte Jahr in das Suchfeld unter den Titel-Angaben ein. So werden Ihnen nur noch die Bibliotheken angezeigt, die den betreffenden Jahrgang besitzen.

Achtung: In der ZDB sind **keine Aufsätze** verzeichnet. Sie können nur nach der gesamten Zeitschrift suchen.

---

8 Zitationsanalyse und Forscher-Rankings – Oder: Wer/was wird am häufigsten zitiert?

In einer umfassenderen Arbeit wie der Bachelorarbeit, Masterarbeit oder der Dissertation sollten Sie die wichtigsten Artikel und Bücher zu Ihrem Thema kennen und zitieren. Leider gibt es kein Suchinstrument, das Ihnen die wichtigsten Personen oder die wichtigsten Publikationen **zu Ihrem Thema** ausgibt. Es ist notwendig, dass Sie sich in die Literatur einlesen und selbst zur Expertin / zum Experten werden. Sehen Sie in die Literaturverzeichnisse der relevanten Artikel und Bücher hinein, die Sie zu Ihrem Thema finden. Wer wird dort immer wieder zitiert? Und: Gibt es ältere Werke, die trotzdem noch häufig auftauchen? Diese könnten grundlegend für das Thema sein.

Um Ihre Erkenntnisse über die Wichtigkeit einzelner Personen oder Aufsätze zu verifizieren, können Sie Zitationsanalysen und Forscher-Rankings verwenden.

8.1 Zitationsanalyse

Drei Suchinstrumente, die Literaturverzeichnisse der enthaltenen Publikationen auswerten und Zitierhäufigkeiten für einzelne Artikel ausgeben, sind der Social Sciences Citation Index (SSCI), Google Scholar und CitEc von RePEc.

Zitationsanalyse

Social Sciences Citation Index (SSCI)
www.isiknowledge.com/WOS
Die Suche im SSCI hat nicht in erster Linie zum Ziel, Literatur zu finden, sondern zu sehen, wie häufig eine Publikation oder Person zitiert wurde.

SSCI

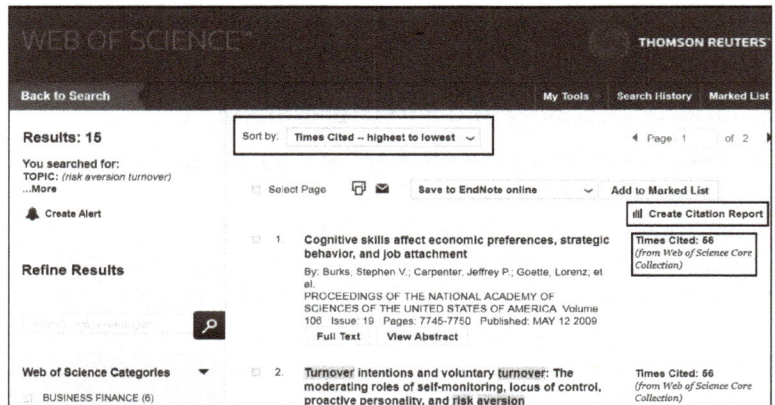

Abb. 15: Sortierung nach „Times Cited", Angabe „Times Cited" beim Treffer und „Citation Report" im SSCI (Stand 17.1.2014).

Anleitung für SSCI

Einige praktische Tipps für die Suche im SSCI:

- Sortieren Sie Ihre Trefferliste nach „Times Cited", um die am häufigsten zitierten Artikel zu Ihrer Suchanfrage zu finden.
- Klicken Sie beim einzelnen Treffer auf die Zahl hinter „Times Cited", um sich anzeigen zu lassen, in welchen Artikeln dieses Werk zitiert wurde.
- Suchen Sie nach Personen nur mit abgekürzten Vornamen – am besten mit Stern trunkiert (> Kap. 4). Vornamen sind im SSCI häufig nicht ausgeschrieben. Führen Sie die Suche einmal mit, einmal ohne Komma durch, um alle Namens-Varianten zu finden.

Beispiel: Burks S* oder Burks, S*

- Nutzen Sie ggf. den Index hinter einem Suchfeld. Klicken Sie bei der betreffenden Person oder der Zeitschrift auf „Add", um diese in das Suchfeld einzufügen.
- Klicken Sie auf *„Citation Report"* oben rechts in der Trefferliste, um Details zu den Zitationen zu finden (in welchen Jahren wurden die Werke am häufigsten zitiert, usw.).

Achtung: Im SSCI ist nur die Literatur zu finden, die in den wichtigsten Zeitschriften zitiert wird. Wer im SSCI auftaucht, ist also schon relativ weit in der wissenschaftlichen Karriere. Der SSCI ist auf keinen Fall vollständig. Deutschsprachige Publikationen tauchen hier kaum auf. Auch Bücher sind im SSCI nicht zu finden.

Der SSCI ist ebenso wie die Journal Citation Reports (JCR) (> Kap. 7.1) Teil des Web of Knowledge von Thomson Reuters. Er ist in vielen Bibliotheken lizenziert und dort für Sie frei zugänglich. Prüfen Sie dies im Datenbank-Infosystem DBIS (> Kap. 3.3.3) oder fragen Sie danach in Ihrer Bibliothek.

Google Scholar

Google Scholar

www.scholar.google.de

Google Scholar betreibt ebenfalls Zitationsanalyse, wertet also ebenfalls Literaturverzeichnisse aus und zeigt an, wie häufig ein Werk zitiert wurde.

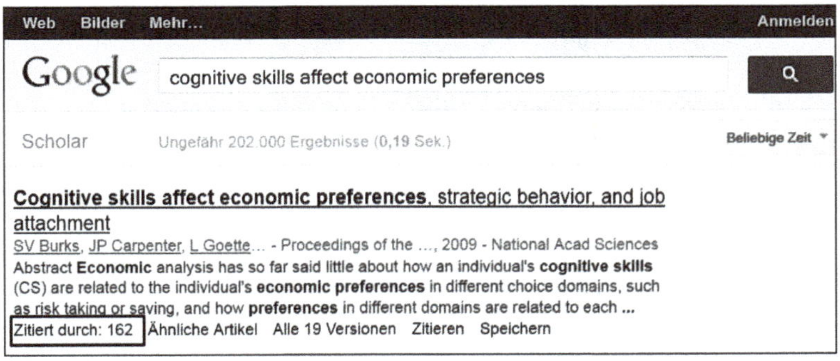

Abb. 16: Die gleiche Publikation wie in SSCI hier in Google Scholar (Stand 17.1.2014).

Hier werden nicht die wichtigsten Zeitschriften ausgewertet, sondern alle Literaturverzeichnisse, die sich im Index von Google Scholar befinden. Auch die hier unter „Zitiert durch" genannte Zahl kann nicht vollständig sein, da auch Google Scholar nicht vollständig ist. Die Zahl wird aber i.d.R. größer sein als die im SSCI (s.o.). Dafür ist ein Zitat in einer von SSCI ausgewerteten Zeitschrift ggf. höher zu gewichten als ein Zitat in einer durch Google ausgewerteten Publikation.

Auch in Google Scholar ist die Angabe „Zitiert durch" verlinkt. Ein Klick darauf führt zu einer Liste der Publikationen, die das betreffende Werk zitieren.

CitEc

CitEc (RePEc)

http://citec.repec.org

Citations in Economics (CitEc) bietet eine Zitationsanalyse für Publikationen, die in RePEc (> Kap. 9.1) verzeichnet sind. Seit Ende 2013 sind diese Informationen auch über die RePEc-Autorenseiten zugänglich.

Eine weitere Größe zur Ermittlung der Zitationshäufigkeit von Artikeln bestimmter Personen ist der **h-index** (Hirsch-Index). Er wird u. a. in öffentlichen Google-Profilen angezeigt.

Achtung: Für alle Zitationsnachweise gilt, dass sie **sich auf eine bestimmte Datenbasis beziehen** (RePEc, für Google zugängliche Daten, SSCI-Datenbasis, etc.) und nicht alle denkbaren Zitationen umfassen. Somit ist es ein wichtiger Hinweis zu sehen, dass ein Dokument 12-mal zitiert wurde. Diese Zahl ist aber immer im Kontext zu betrachten. Reflektionen zum h-index und weiteren Indizes finden Sie auf der Website von Anne-Wil Harzing:
www.harzing.com/pop.htm

8.2 Forscher-Rankings

Forscher-Ranking

Wichtige wirtschaftswissenschaftliche Forscher-Rankings sind:

RePEc Forscher-Ranking

http://ideas.repec.org/top/top.person.all.html

Dieses Ranking lässt sich für Länder und Regionen separat anzeigen. Klicken Sie dafür auf einen Link unter „Regions". Die Top-Authors sind unter den Top-Institutionen genannt.

Forscher-Ranking des Handelsblatts

Für BWL:

www.handelsblatt.com/politik/oekonomie/bwl-ranking

Klicken Sie z. B. auf: „Der Nachwuchs: Die Top 100 unter 40" oder „Top 250-Ranking: Die forschungsstärksten Betriebswirte".

Für VWL:

www.handelsblatt.com/politik/oekonomie/vwl-ranking

Klicken Sie z. B. auf „VWL-Ranking: Top-Ökonomen – aktuelle Forschungsleistung" oder auf „VWL-Ranking: Top-Ökonomen – Lebenswerk".

Achtung: Der Boykott des Handelsblattrankings durch führende Ökonomen zeigt wie problematisch Rankings sein können.

Tipp: Erkundigen Sie sich bei Ihrer Dozentin / Ihrem Dozenten, ob Sie wichtige Personen oder Publikationen zu Ihrem Thema übersehen haben. Erläutern Sie, wie Sie bei der Suche nach den wichtigsten Publikationen vorgegangen sind und was Sie herausgefunden haben. Das zeigt, dass Sie über Expertise in der Recherche und im wissenschaftlichen Arbeiten verfügen und wird sicher einen guten Eindruck machen. Fragen Sie, ob weitere Personen oder Texte wichtig sind.

---

9 Fachportale und Fachangebote im Netz

Fachportale waren früher meist Linksammlungen zu einzelnen Teilgebieten eines Fachs, die von Forscherinnen und Forschern im Netz zusammengetragen wurden. Heute ist es kaum noch möglich, die relevanten Links eines Fachgebiets zu überschauen. So bestehen fast nur noch die größten Portale, die professionell betrieben oder von einer größeren Forscher-Community getragen werden. Der Schwerpunkt hat sich dabei stark verschoben. Im Zentrum von Fachportalen steht heute i.d.R. der Nachweis von Literatur, so wie dies auch in bibliographischen Datenbanken (> Kap. 3.3) der Fall ist. Daneben werden meist **Zusatzdienste wie Netzwerke, Blogs, Veranstaltungskalender** oder auch weiterhin **Verzeichnisse von Internetquellen** angeboten.

Fachportal

Im Folgenden finden Sie die wichtigsten wirtschaftswissenschaftlichen Fachportale sowie Portale angrenzender Fächer kurz vorgestellt. Diese sind alle **frei im Internet verfügbar**.

9.1 Wirtschaftswissenschaftliche Fachportale

EconBiz
www.econbiz.de

EconBiz

EconBiz wurde bereits im Abschnitt *bibliographische Datenbanken* (> Kap. 3.3.4) vorgestellt. Der Nachweis von Literatur und das Aufzeigen eines Wegs zum Volltext ist das Kernstück des Fachportals. Die Literaturnachweise sind entweder mit freien PDFs verknüpft oder ein Zugriff über andere Nachweissysteme ist eingebaut. Wer vor Ort keinen Zugang hat, kann sich Publikationen über den Dokumentlieferdienst subito oder Fernleihe bestellen (> Kap. 19.3).

Neben der Literaturrecherche bietet EconBiz:

- einen **Veranstaltungskalender** für wirtschaftswissenschaftliche Konferenzen, Tagungen, Summer Schools, usw. aus aller Welt,

- den Auskunftsdienst EconDesk, bei dem Sie via **E-Mail, Chat oder Telefon Fragen zur Recherche** nach Literatur und Fakten stellen können,
- den Online-Recherchekurs **LOTSE Wirtschaftswissenschaften,**
- den **Standard Thesaurus Wirtschaft** (STW) (> Kap. 1.2).

Von EconBiz gibt es eine mobil optimierte Web-Version sowie Apps für iPhone, iPad und Android Smartphones.

RePEc

RePEc: Research Papers in Economics

www.repec.org

RePEc Ideas, das **Verzeichnis von Working Papers und Aufsätzen** ist der wahrscheinlich wichtigste Teil von RePEc. Forscherinnen und Forscher sowie Institute aus aller Welt verzeichnen dort selbst ihre Papers und machen sie so an einer Stelle im Internet zugänglich. Die Publikationen von RePEc Ideas sind auch zu finden in EconPapers, MPRA (Munich Personal RePEc Archive) und EconBiz (> Kap. 3.3.4).

Neben RePEc Ideas umfasst RePEc u. a.:

- **RePEc Author Service:** Die Möglichkeit, ein eigenes Profil mit Publikationslisten und Kontaktdaten anzulegen,
- **EDIRC:** Ein Verzeichnis wirtschaftswissenschaftlicher Institutionen aus aller Welt mit der Verknüpfung zu Personen, die dort tätig sind – und die in RePEc Autorenprofile haben,
- **CiteEc:** Zitationsanalyse von Publikationen aus RePEc Ideas.

SSRN

SSRN: Social Science Research Network

www.ssrn.com

SSRN ist neben RePEc das weltweit bekannteste Angebot für frei zugängliche Fachliteratur im Bereich Wirtschaftswissenschaften. Es hat sich laut eigenen Angaben dem Ziel verschrieben, wirtschafts- und sozialwissenschaftliche Publikationen schnellstmöglich zu verbreiten. So verzeichnet SSRN nicht nur Working Papers, sondern auch bisher erst eingereichte Abstracts für Zeitschriftenaufsätze.

SSRN kann einerseits insgesamt durchsucht werden, es ist aber auch in ca. 25 Einzel-**Netzwerken** zu Bereichen wie Management, Innovation, Economics, usw. organisiert. In diesen finden Sie auch spezifische:

- **Veranstaltungshinweise,**
- **Stellenausschreibungen,**
- Kontaktangaben und Publikationslisten von **Autorinnen und Autoren.**

Einige Dienste von SSRN erfordern ein kostenloses Login.

RFE: Resources for Economists on the Internet

www.rfe.org

RFE ist vielleicht das einzige Portal, das noch in größerem Stil **wirtschaftswissenschaftlich relevante Internetquellen** verzeichnet. Diese sind u. a. unterteilt in die Bereiche:

- Data,
- Dictionaries, Glossaries, & Encyclopedias,
- Teaching Resources,
- Software,
- Blogs, Commentaries, and Podcasts.

In den Verzeichnissen gibt es häufig noch eine feinere thematische Aufgliederung nach der JEL-Klassifikation (> Kap. 12.6).

INOMICS

www.inomics.com

In INOMICS finden Sie wirtschaftswissenschaftliche

- **Stellenangebote**,
- **Veranstaltungen**,
- **Bildungs-Angebote** und Kurse wie PhD-Programme, Online-Kurse (z. B. MOOCs, Massive Online Open Courses), Professionelle Trainings, usw. und
- **Institutionen**.

Es können wöchentliche Benachrichtigungen über Neueintragungen abonniert werden.

9.2 Fachportale angrenzender Fächer

sowiport

www.sowiport.de

sowiport von Gesis, dem Leibniz-Institut für Sozialwissenschaften, vereint zahlreiche Datenbanken der **Sozialwissenschaften** unter einer Oberfläche und ermöglicht eine parallele Suche nach Publikationen, Personen, Institutionen, Veranstaltungen und Forschungsprojekten. In der erweiterten Suche ist eine Eingrenzung auf einen oder mehrere dieser Suchbereiche möglich.

Für viele Publikationen bekommen Sie in sowiport nur den Nachweis. Sie müssen selbst im Katalog Ihrer Hochschulbibliothek prüfen, ob Sie Zugang zu der gesuchten Zeitschrift oder dem Buch haben.

Nutzen Sie Suchbegriffe aus dem eingebundenen Thesaurus (> Kap. 1.2), um die besten Ergebnisse zu erzielen.

ViFaPol: Fachinformationen für Politikwissenschaft, Verwaltungswissenschaft und Kommunalwissenschaften

ViFaPol

www.vifapol.de

ViFaPol bietet eine parallele Literaturrecherche in freien Aufsatzdatenbanken und Bibliothekskatalogen. Darüber hinaus enthält ViFaPol:

- ein Verzeichnis von wissenschaftlich relevanten Internetquellen,
- eine Übersicht über fachlich relevante Zeitschriften,
- den Online-Recherchekurs LOTSE Politikwissenschaft,
- ein Blog mit Tipps für die wissenschaftliche Recherche.

Angekündigt ist die Bereitstellung virtueller Räume für die überregionale Zusammenarbeit zwischen Forschenden.

Betreiber von ViFaPol ist die Universitäts- und Staatsbibliothek Hamburg. Sie ist die größte Bibliothek für Politikwissenschaft in Deutschland und macht ihre Bestände deutschlandweit über Fernleihe und Dokumentlieferdienste (> Kap. 19.3) verfügbar.

ViFaRecht: Virtuelle Fachbibliothek Recht

ViFaRecht

www.vifa-recht.de

Die ViFa Recht bietet eine parallele Suche in fachlich relevanten Bibliothekskatalogen und Aufsatzdatenbanken. Zusätzlich können über 90 internationale Archive nach Volltexten durchsucht werden und es gibt ein Verzeichnis von Internetquellen.

Betreiber der ViFa Recht ist die Staatsbibliothek zu Berlin. Sie ist die größte Bibliothek für Rechtswissenschaft in Deutschland und macht ihre Bestände deutschlandweit über Fernleihe und Dokumentlieferdienste (> Kap. 19.3) verfügbar.

10 Dissertationen finden

Dissertationen können Sie einerseits suchen, um ein Vorbild für die
Erstellung Ihrer eigenen Dissertation zu haben. Anderseits sollten Sie
thematisch suchen, um zu prüfen, ob niemand vor Ihnen das Thema in
einer Dissertation bearbeitet hat.

Dissertation

Im Katalog Ihrer Bibliothek (> Kap. 3.2) finden Sie die **Dissertationen, die Ihre Bibliothek besitzt** (sei es in gedruckter Form oder online auf dem Hochschulschriftenserver). Darunter werden auch Dissertationen sein, die an Ihrem Lehrstuhl oder Ihrem Fachbereich verfasst
wurden und die Sie als **Vorbild** für Ihre eigene Dissertation verwenden
können. Erkundigen Sie sich aber vor allem im Prüfungsamt und sprechen Sie mit der Person, die Ihre Arbeit betreut, welche formalen Vorgaben es gibt, da sich diese verändert haben könnten.

Suchen Sie im Katalog nach Dissertationen, indem Sie zu Ihren
Suchbegriffen das Schlagwort (> Kap. 1.2) „Dissertation" oder „Hochschulschrift" hinzufügen. Damit finden Sie auch Dissertationen in anderen Sprachen.

Sie **erkennen** eine Dissertation im Katalog am Hochschulschriftenvermerk, z. B. an:

Hochschulschrift: Zugl.: Düsseldorf, Univ., Diss., 2014

Tipp: Betreuer von Dissertationen sind nicht im Katalog verzeichnet, so dass der
Name Ihrer Professoren sich nicht für die Suche nach den betreuten Dissertationen
eignet. Vielleicht finden Sie diese aber auf der persönlichen Homepage.

Um einen Überblick über Dissertationen zu bekommen, die bereits **zu
Ihrem Themengebiet** geschrieben wurden, sollten Sie weitere Quellen hinzuziehen:

1. **Deutsche Dissertationen: Deutsche Nationalbibliothek**
   DNB
   www.dnb.de
   Viele Universitäten weltweit setzen für die erfolgreiche Promotion
   die Veröffentlichung der Dissertation voraus. Nationalbibliotheken, die das gesamte Schrifttum eines Landes sammeln, bekommen in vielen Ländern ein Pflichtexemplar jeder Veröffentlichung.
   So weist die Deutsche Nationalbibliothek alle in Deutschland verfassten Dissertationen nach.

   Suche nach Dissertationen im Katalog der DNB:

   – Wählen Sie links die erweiterte Suche.
   – Geben Sie Ihre Suchbegriffe ein.

- Wählen Sie unter dem Suchschlitz die Reihe H für Hochschul-
  schriften und einen Zeitraum aus.
- Schicken Sie die Suche ab.

2. Wirtschaftswissenschaftliche Dissertationen: EconBiz

EconBiz

www.econbiz.de

EconBiz ist eine parallele Suche in Datenbanken und Katalogen.
So wird bei einer Suche in EconBiz automatisch der Katalog der
Deutschen Zentralbibliothek für Wirtschaftswissenschaften (ZBW)
(> Kap. 13) durchsucht, die wirtschaftswissenschaftliche Literatur
aus aller Welt möglichst vollständig sammelt. Suchen Sie nach
Dissertationen mit Ihren Suchbegriffen und der Hinzugabe der Be-
griffe: *Dissertation*, *Thesis* oder *Hochschulschrift*.
Oder nutzen Sie den entsprechenden Filter unter „Dokumentart".

Beispiel: Für die Suche nach Dissertationen zum Thema Sponsoring geben Sie ein:
Sponsoring AND (Dissertation OR Thesis OR Hochschulschrift).

3. Internationale Datenbanken für Dissertationen

Dissertation
Express

Dissertation Express

http://disexpress.umi.com

Kostenlose Version der Datenbank „ProQuest Dissertations &
Theses Full Text" (s. u.), die Dissertationen aus den USA und Ka-
nada fast vollständig nachweist und sehr viele Dissertationen aus
Großbritannien und weiteren Ländern umfasst. Hier können Sie
frei suchen, kommen jedoch nicht auf den Volltext. Diesen können
Sie via Dokumentlieferdienst oder (internationaler) Fernleihe
(> Kap. 19.3) zur Ausleihe bestellen oder bei Dissertation Express
kaufen.

Dissertation
Abstracts

ProQuest Dissertation Abstracts heute auch genannt: **ProQuest
Dissertations & Theses Full Text**

http://search.proquest.com/pqdthss

In dieser **lizenzpflichtigen Vollversion** von Dissertation Express
(s.o.) haben Sie zusätzlich Zugang zu den Volltexten der Dissertationen. Prüfen Sie im Datenbank-Infosystem DBIS (> Kap. 3.3.3)
oder fragen Sie in Ihrer Bibliothek, ob Sie Zugang zu der Datenbank haben.

Index to Theses
www.theses.com/idx
Diese Datenbank legt ihren Schwerpunkt auf Dissertationen aus Großbritannien und Irland. Überwiegend sind nur Abstracts zu finden. Ca. 10% der Titel haben Volltextzugang.
„Index to Theses" ist **lizenzpflichtig**. Prüfen Sie in DBIS (> Kap. 3.3.3) oder fragen Sie in Ihrer Bibliothek, ob Sie Zugang zu der Datenbank haben.

11 Presseartikel finden

Zeitungen und Magazine wenden sich nicht an die wissenschaftliche Community, sondern an die breite Öffentlichkeit. Sie unterscheiden sich einerseits sprachlich von wissenschaftlicher Literatur, andererseits belegen sie ihre Aussagen nur selten mit exakten Zitaten. Für einige Themen können Presseartikel dennoch eine Rolle spielen. Sei es, dass Sie aktuelle Aspekte mit einbeziehen wollen, die noch nicht in der wissenschaftlichen Literatur reflektiert werden konnten, sei es, dass Sie die Reaktionen der Presse zu einem Thema auswerten wollen.

Pressedatenbanken ermöglichen Ihnen, ein breites Spektrum nationaler und internationaler Zeitungen und Magazine parallel zu durchsuchen und Zeitungsartikel **tagesaktuell im Volltext zu lesen**. Dabei können Sie selbst auswählen, welche der enthaltenen Publikationen und welche Zeiträume Sie durchsuchen wollen. Eine Eingrenzung der Suche ist bei der Menge an täglich neu erscheinenden Artikeln sehr wichtig.

Im Folgenden finden Sie Informationen zu den Pressedatenbanken Nexis und Factiva, die in vielen deutschen Bibliotheken lizenziert und dort für Sie frei zugänglich sind. Genios Pressequellen ermöglicht eine freie Suche. Volltexte werden aber nur gegen Bezahlung freigeschaltet.

Nexis (bisher: Lexis Nexis / Wirtschaft)	
Alleinstellungsmerkmal	In deutschen Bibliotheken am weitesten verbreitete Pressedatenbank. Durchsucht mehr als 36.000 Zeitungen, Magazine und weitere Quellen aus aller Welt.
Zugang	Lizenzpflichtig, für Sie kostenlos in vielen Bibliotheken (www.lexisnexis.com/uk/nexis)

Nexis (bisher: Lexis Nexis / Wirtschaft)

Suchfunktionen (> Kap. 4)	– Wörter werden exakt gesucht. Trunkierung mit Ausrufezeichen (!). – Automatische Phrasensuche voreingestellt. Aufhebung durch AND zwischen mehreren Begriffen, die nicht direkt nebeneinander stehend gesucht werden müssen. – Wörter mit OR verknüpfen, die alternativ gesucht werden sollen. – Auswahl einer Quellensammlung (z. B. deutschsprachige Presse) möglich. – Auswahl eines Zeitraums möglich.
Quellensuche	Tab „Quellensuche" / „Sources" mit Informationen zu enthaltenen Zeitungen und Magazinen. Zusammenstellung eigener Quellen-Sammlungen für wiederkehrende Suchen.
Service	– „Suche bearbeiten" oben rechts in der Trefferliste zur Veränderung der letzten Suche. – Export von Trefferlisten (mit Volltexten).
Weitere Inhalte	Enthält auch: – Firmeninformation, – Brancheninformation, – Länderinformation, – Juristisches
Gut zu wissen	– Trefferausgabe ist auf 3.000 beschränkt. Grenzen Sie ggf. den Zeitraum ein, um kleinere Treffermengen zu erzeugen. – Sie können die Datenbank auch nutzen, um Zeitungen / Magazine im Volltext zu lesen.

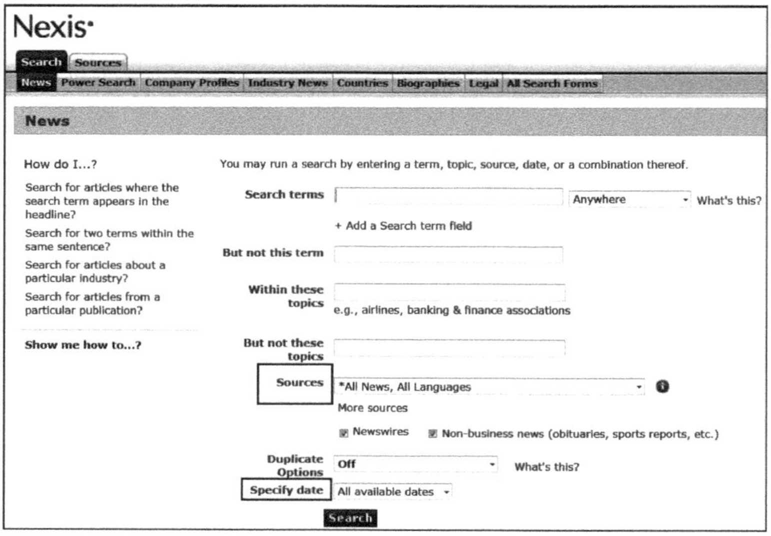

Abb. 17: Nexis mit Suche und Quellen-Suche sowie Auswahl von Presse-, Firmen- oder Branchen-Suche (Stand 17. 1. 2014).

FACTIVA von Dow Jones		FACTIVA

Alleinstellungs-merkmal	Nachrichten und Geschäftsinformationen aus über 9.000 Zeitungen und Magazinen in 22 Sprachen. Deutsche und internationale Tageszeitungen.
Zugang	Lizenzpflichtig, für Sie kostenlos in einigen Bibliotheken (http://global.factiva.com/sb/default.aspx)
Suchfunktionen (> Kap. 4)	– Wörter werden exakt gesucht. Trunkierung mit Stern (*). – Automatische Phrasensuche voreingestellt. Aufhebung durch *and* zwischen mehreren Begriffen, die nicht direkt nebeneinander stehend gesucht werden müssen. – Wörter mit *or* verknüpfen, die alternativ gesucht werden sollen. – Auswahl eines Zeitraums möglich. – Auswahl von Quellensammlungen nach Sprachen, Regionen, Branchen möglich. – Filter in der Trefferliste.
Quellensuche	Ein Klick auf „Quelle" in der Suchmaske öffnet einen Suchschlitz, in dem Sie nach bestimmten Quellen-Namen suchen können. Oder Sie treffen eine Auswahl anhand von Branchen, Regionen, Sprachen, usw.
Service	– Artikel als Audio-Datei abspielen, – Artikel übersetzen (Google Translate), – Export von Trefferlisten (mit Volltexten).
Weitere Inhalte	Enthält auch: – Firmeninformation, – Brancheninformation, – Börsenkurse.
Gut zu wissen	– Hilfetexte finden Sie unter dem Link „Beispiele" beim Suchschlitz. – Sie können die Datenbank auch nutzen, um Zeitungen / Magazine im Volltext zu lesen.

GENIOS Pressequellen		GENIOS

Alleinstellungs-merkmal	Kostenlose Suche in über 180 Zeitungen mit Archiven teilweise rückwirkend bis 1983. Die Anzeige der vollen Artikel ist kostenpflichtig.
Zugang	Frei im Internet (www.genios.de/page/presse)
Suchfunktionen (> Kap. 4)	– Sucht exakt eingegebenes Wort. Trunkierung (auch am Anfang des Wortes oder in der Mitte) mit Stern (*). – Wildcard: Ein Zeichen ersetzen durch Fragezeichen (?). – Phrasensuche mit Anführungszeichen, – Filter in der Trefferliste, – Erweiterte Suche, – Boolesche Operatoren klein und Deutsch (*und* (voreingestellt), *oder*, *nicht*).

GENIOS Pressequellen	
Quellensuche	Link „Quellenliste" im Kopf der Seite, neben „Hilfe" mit Informationen zu den durchsuchten Publikationen.
Service	Monitoring-Service informiert über neue Treffer zu einem angelegten Suchprofil.
Gut zu wissen	– Preise: ca. zwei bis fünf Euro pro Artikel – Überwiegend deutschsprachige Quellen

12 Statistiken finden

Statistik

Über Suchmaschinen gestaltet sich die Suche nach wissenschaftlich verwendbaren Statistiken oft schwierig. Wikipedia-Artikel oder private Websites enthalten häufig keine Quellen-Angaben für angegebene Zahlen. So können Sie sie nicht als Gateway zu wissenschaftlichen Statistik-Quellen nutzen.

Die wissenschaftlich verwendbaren Daten aus Faktendatenbanken werden häufig nicht mit Suchmaschinen gefunden, weil es sich dabei um dynamische Inhalte des Deep Web (> Kap. 3.1.4) handelt. So werden statistische Datenbanken an sich zwar über Suchmaschinen gefunden – aber nicht die einzelnen statistischen Daten.

Zu Beginn Ihres wissenschaftlichen Arbeitens werden Sie meist Statistiken aus der Literatur zu Ihrem Thema nutzen. Der Weg über die Literatur kann auch für fortgeschrittene Arbeiten ein guter Suchansatz sein, da die Quelle der dort aufgeführten Daten immer eindeutig belegt ist. Damit haben Sie häufig bereits eine relevante statistische Datenbank für Ihr Thema gefunden, aus der Sie Daten für weitere Jahre, in anderen Einheiten oder für andere Länder abziehen können.

12.1 Umgang mit statistischen Datenbanken

Umgang mit stat. Datenbank

Statistische Datenbanken oder Faktendatenbanken sind Sammlungen von Daten, die Sie nach verschiedenen Kriterien zusammenstellen können (Länder, Jahre, Branchen, Alter von Personen, usw.) und deren Ergebnisse nach Ihrer Auswahl in Form von Tabellen ausgegeben werden. Dabei unterscheidet sich der Umgang mit statistischen Datenbanken insofern von bibliographischen Datenbanken (> Kap. 3.3), dass man diese häufig nicht durchsucht, sondern sich durch einen thematischen Baum (*Klassifikation* > Kap. 12.6) zu den Ergebnissen durchklickt, wie Sie dies vermutlich aus dem Dateibaum im Windows Explorer kennen.

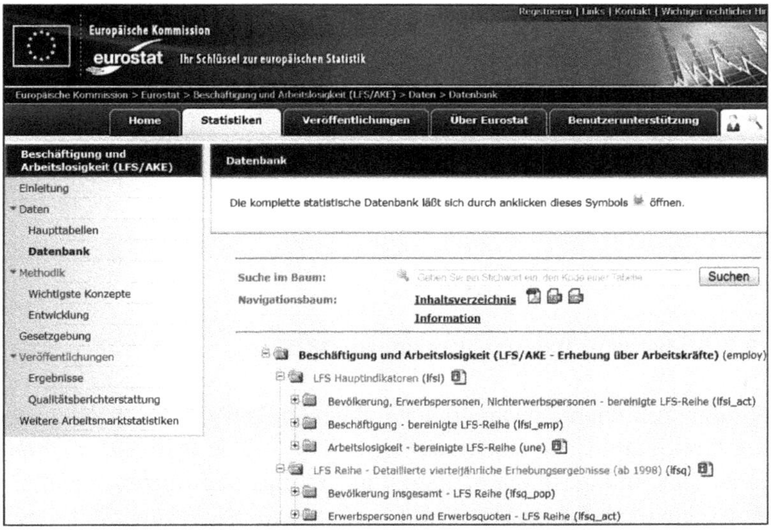

Abb. 18: Klassifikation, hier in der Datenbank EuroStat (> Kap. 12.4) (Stand 17. 1. 2014).

Dieses sogenannte **Browsing** hat den Vorteil, dass Sie den Titel der statistischen Reihe nicht kennen müssen. Sie klicken sich durch den Klassifikations-Baum und bekommen dabei einen Überblick, zu welchen Themenbereichen und in welcher Feinheit die Datenbank Informationen enthält.

Anschließend **wählen Sie aus, welche Einheiten, Variablen, Jahre und Länder** für Sie relevant sind, stellen die **Anordnung** der Tabelle z. B. via Drag and Drop so um, wie Sie sie benötigen und **exportieren** die Daten z. B. als Excel-Datei.

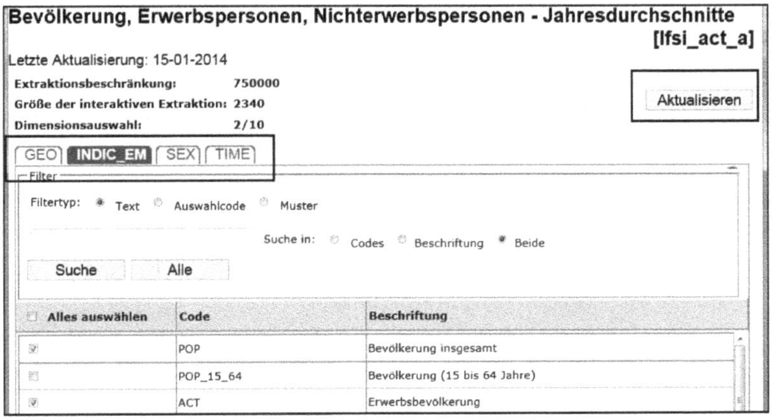

Abb. 19: Werteauswahl in EuroStat (Stand 17. 1. 2014).

Tipp: Faktendatenbanken ähneln sich in der Anwendung. So wird man bei der Nutzung einer Datenbank mit dem Umgang vertraut und kann sich auch andere Datenbanken leichter erschließen.

Allerdings gibt es in Faktendatenbanken teilweise umständliche Klickpfade. Wählen Sie einfach verschiedene Links, Buttons und Tabs aus und **probieren Sie** Inhalte per „drag and drop" zu verschieben. In der Benutzung von Datenbanken können Sie keine Fehler machen und häufig findet man nur mit Ausprobieren heraus, wie man die richtige Einstellung erhält.

12.2 Statistische Datenbanken finden: DBIS

Datenbank finden

Für das Auffinden relevanter Faktendatenbanken gilt das gleiche wie für bibliographische Datenbanken (> Kap. 3.3). Fragen Sie in Ihrer Bibliothek und an Ihrem Lehrstuhl nach Tipps und nutzen Sie DBIS, das Datenbank-Infosystem (http://rzblx10.uni-regensburg.de/dbinfo) (> Kap. 3.3.3). DBIS verzeichnet alle Arten von Datenbanken. Bei der Suche nach Faktendatenbanken können Sie in der erweiterten Suche von DBIS z.B. ein Fachgebiet und den Datenbank-Typ „Faktendatenbank" oder „Adress- und Firmenverzeichnis" auswählen. Die Eingabe von Suchbegriffen ist nicht notwendig.

Achtung: In DBIS ist nur die Suche nach Datenbanken möglich (z.B. die Suche nach *EuroStat*). Die Suche nach einzelnen Daten (z.B. nach *„Anteil der Männer in Teilzeitarbeit in Frankreich"*) führt nicht zu Ergebnissen.

12.3 Herausgebende Institutionen

Institutionen

Einen Anhaltspunkt für die Suche nach der passenden Datenbank bietet die Überlegung, welche Institution die gesuchten Daten erheben und veröffentlichen könnte. Wenn Sie die benötigten Daten nicht in der Literatur zu Ihrem Thema finden, überlegen Sie zunächst:

- Ob die Daten amtlich erhoben werden (z.B. Import und Export von Gütern) oder nur in Studien und Umfragen ermittelt werden können, da keine Veröffentlichungspflicht besteht (z.B. Einsatz der Balanced Scorecard in Unternehmen).
- Welche Institutionen ein Interesse daran haben, Daten zu erheben und zu veröffentlichen, die nicht veröffentlichungspflichtig sind (z.B. Branchen-Verbände).

– Ob es z. B. aus Gründen des Wettbewerbs ein Geheimhaltungs-Interesse für die gesuchten Daten gibt (z. B. Entwicklung der Kundenzahlen einer bestimmten Versicherungsgesellschaft).

Für die **VWL sind** überwiegend **amtlich erhobene Daten** von Interesse. Diese werden häufig in kostenlosen Datenbanken veröffentlicht von:

VWL

– Statistischen Ämtern der Städte, Kreise, Länder und Staaten,
– länderübergreifenden Organisationen wie der EU, OECD, Weltbank und UN-Einrichtungen, wie z. B.:
    – Food and Agriculture Organization (FAO),
    – International Labour Organization (ILO),
    – International Monetary Fund (IMF),
    – World Health Organization (WHO),
    – World Trade Organization (WTO) und
– öffentlichen Einrichtungen wie der Bundesagentur für Arbeit, der Bundesbank, Ministerien, usw. (sowie deren Pendants in anderen Ländern).

Des Weiteren sind Daten von spezialisierten Forschungseinrichtungen relevant. Diese veröffentlichen teilweise Ergebnisse von Umfragen, deren Spezialisierung und Detailliertheit weit über das hinausgeht, was die amtliche Statistik bietet:

– Forschungsinstitut zur Zukunft der Arbeit (IZA),
– Institut für Mittelstandsforschung (IfM),
– Sozio-oekonomisches Panel (SOEP) vom Deutschen Institut für Wirtschaftsforschung (DIW),
– Community Innovation Survey (CIS) vom Zentrum für Europäische Wirtschaftsforschung (ZEW),
– Institut für Seeverkehrswirtschaft und Logistik (ISL), uvm.

Auch **für die BWL** können amtlich erhobene Daten relevant sein. So wurden für einzelne Rechtsformen (z. B. AGs) umfassende Veröffentlichungspflichten festgelegt; das Handelsregister verfügt flächendeckend über Daten zu Unternehmen (diese werden auch in Firmendatenbanken veröffentlicht) und es werden Daten zu Importen, Exporten, Steuereinnahmen, Direktinvestitionen und Bilanzen der einzelnen Branchen erhoben. Hier sind aber nationale Unterschiede in der Erhebung vieler Daten zu erkennen und diese sind häufig nicht länderübergreifend in einer Datenbank zugänglich.

BWL

Einige nicht amtlich erhobene Daten, die für die BWL relevant sind (z. B. **Marktdaten oder Börsendaten**), werden in erster Linie für Unternehmen aufbereitet und sind teurer. Sie sind **in Bibliotheken nur in Einzelfällen verfügbar**.

Neben den oben genannten können folgende **Institutionen und Quellen für die BWL** relevant sein:

- Firmendatenbanken (Bisnode / Hoppenstedt (> Kap. 12.4), Nexis / Lexis Nexis Wirtschaft (> Kap. 11)),
- Branchenverbände mit ihren Publikationen und Statistiken,
- Geschäfts- / Jahresberichte einzelner Unternehmen,
- Handelsregister,
- Industrie- und Handelskammern,
- Börsen und Börsen-Datenbanken (Thomson Reuters Datastream, Bloomberg-Finanzdatenbank),
- Marktstudien,
- Umfragen (statista, > Kap. 12.4),
- Länder-Daten aus Investitions-Führern oder Vergleichen der Wettbewerbsfähigkeit (z. B. World Competitiveness Yearbook).

12.4 Wichtige statistische Datenbanken

Achtung: Datenbanken ändern regelmäßig ihre Oberflächen. Die Anleitung zum Datenabruf kann also nur eine Momentaufnahme sein.

Destatis / Genesis

Destatis: Statistisches Bundesamt Deutschland

Zugang: Frei im Internet (www.destatis.de)

Beschreibung:
- Seite des Deutschen Statistischen Bundesamtes mit **amtlich erhobenen Zahlen für Deutschland**.
- Im Bereich „Zahlen und Fakten" können Sie vorgefertigte **aktuelle Tabellen** zu einzelnen Themen ansehen.
- Bei den Einzelthemen sind **Fachpublikationen** verlinkt. Sie enthalten längere Reihen und feiner aufbereitete Daten.
- Die enthaltene **Datenbank GENESIS** umfasst Daten von Bund und Bundesländern. Sie können einzeln festlegen, welche Jahre, Bundesländer und Variablen Sie interessieren und die Daten z. B. als Excel-Datei abziehen.
- Weitere Datenbanken (im Footer der Seite genannt): **Regionaldatenbank, Zensusdatenbank, ...**

Destatis: Statistisches Bundesamt Deutschland

Anleitung für GENESIS:
– Suchen Sie über den Suchschlitz oben auf der Seite oder klicken Sie auf „zu den Themen".
– Wählen Sie die statistische Reihe, die Sie interessiert.
– Klicken Sie rechts auf das Icon für „Tabellen".
– Klicken Sie beim betreffenden Aspekt (z. B. Jahr, Bundesland, Branche) auf „auswählen". Wählen Sie Merkmale und klicken Sie „übernehmen".
– Klicken Sie auf „Werteabruf".
– **Tipp:** Navigieren Sie mit dem „zurück"-Button der Datenbank, nicht mit dem des Browsers.

Anbieter: Statistisches Bundesamt Deutschland

EuroStat: Das Statistische Amt der EU

EuroStat

Zugang: Frei im Internet (www.epp.eurostat.ec.europa.eu)

Beschreibung:
– Seite von EuroStat, dem Statistischen Amt der EU mit **amtlich erhobenen Zahlen für alle EU-Länder**.
– Es gibt eine deutschsprachige Version.
– Unter dem **Tab „Statistiken"** finden Sie Themen, zu denen Sie Daten z. B. als Excel-Datei abziehen können.
– Unter dem **Tab „Veröffentlichungen"** finden Sie statistische Publikationen von EuroStat.

Anleitung für EuroStat:
– Eine Suche lässt sich über den Suchschlitz auf der Startseite oder das Lupen-Icon oben rechts auf den Unterseiten starten.
– Für ein thematisches Browsing wählen Sie den Tab „Statistiken".
– Klicken Sie auf das betreffende Thema.
– Klicken Sie links auf „Datenbank", wenn Sie Daten selbst zusammenstellen wollen oder auf „Haupttabellen", um vorgefertigte Tabellen aufzurufen.
– Klicken Sie sich über das [+]-Zeichen weiter durch den Themen-Baum. Rufen Sie die Tabelle auf der letzten Ebene über das Icon vor der statistischen Reihe auf.
– Klicken Sie auf das Plus-Zeichen neben einem Aspekt (Zeit, Geo,…), um die Werte festzulegen, die Sie interessieren.
– Ziehen Sie die Aspekte (Zeit, Geo,…) mit Drag und Drop in die Tabelle, um sie als Spalte oder Zeile darzustellen.

Anbieter: Eurostat, Statistisches Amt der Europäischen Union

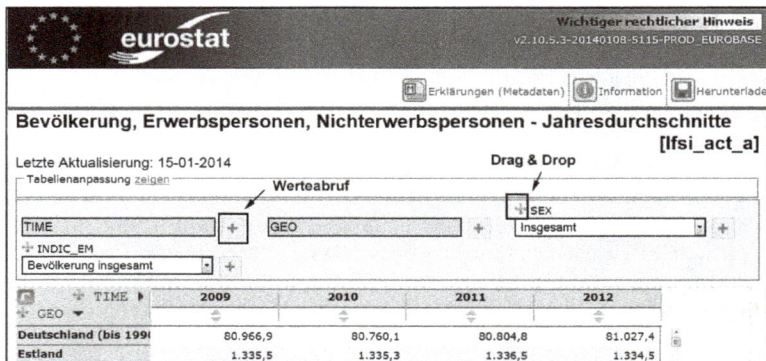

Abb. 20: EuroStat, Werteauswahl und Anpassung des Tabellenaufbaus (Stand 17. 1. 2014).

OECD

OECD iLibrary

Zugang: Lizenzpflichtig, für Sie kostenlos in vielen Bibliotheken (www.oecdilibrary.org)

Beschreibung:
– **Daten und statistische Publikationen zu OECD-Ländern** und teilweise weiteren wirtschaftlich bedeutenden Ländern.
– Über Tabs können die Teilbereiche: Statistiken, eBooks, Factbook oder Papers aufgerufen werden.

Anleitung für OECD iLibrary:
– Sie können über alle Bereiche suchen oder zunächst einen Teilbereich wie z. B. Statistics auswählen und diesen durchsuchen.
– Im Bereich Statistics können Sie Teildatenbanken oder vorgefertigte Haupt-tabellen (Key tables) aufrufen oder Sie können auf „OECD.Stat - extract data from across datasets" klicken (empfohlen).
– Klicken Sie auf das pinke Icon „Access database".
– Klicken Sie sich links zu dem Thema durch, das Sie interessiert.
– Klicken Sie über der Tabelle auf „Customize" und darin „Selection", um Werte auszuwählen.
– Klicken Sie auf „Customize" und darin „Layout", um die Tabelle nach Ihren Wünschen zu gestalten.
– **Tipp:** Es kann sein, dass einzelne Teildatenbanken nicht von Ihrer Bibliothek lizenziert wurden und nicht zugänglich sind.

Anbieter: Organisation for Economic Cooperation and Development (OECD)

Weltbank

Weltbank: World Databank

Zugang: Frei im Internet (http://databank.worldbank.org)

Beschreibung:
– Daten zu Bevölkerung, Entwicklung, Wirtschaft, Gesundheit, sozialen Bedingungen, uvm. aus **Ländern weltweit**.
– **Enthalten sind die World Development Indicators, Education** Statistics, **Gender** Statistics, **Health** Nutrition and Population Statistics sowie die **Poverty** and Inequality Database.

Anleitung für World Databank:
– Wählen Sie zuerst eine Datenbank aus, z. B. die World Development Indicators.
– Wählen Sie Länder aus, darunter finden Sie die Auswahlmöglichkeit „Series" und „Time".
– Rechts finden Sie die Auswahl wieder („Your current selection"). Daraus können Sie Werte löschen.
– Klicken Sie oben auf: Table, Chart oder Map, um sich die Daten in diesen Formaten anzusehen.
– Klicken Sie auf das Zahnrad oben, um die Darstellung der Tabelle zu ändern (Table options).
– **Tipp:** Klicken Sie nicht direkt auf Länder oder „Indicators", die auf der Startseite angeboten werden. Hier erhalten Sie nur die meist abgefragten Daten („What's popular").

Anbieter: The World Bank Group

Hinweis: Freie Länderinformationen aus aller Welt finden Sie auch im **CIA World Factbook:**
https://www.cia.gov/library/publications/the-world-factbook

statista

statista: Bündelung zahlreicher Statistiken und Studien

Zugang: (http://de.statista.com) Die Suche und einige Daten sind frei. Eine kostenfreie Registrierung und die lizenzpflichtige Version, die Sie in vielen Bibliotheken finden, bieten Zugriff auf mehr Daten und Herkunftshinweise.

Beschreibung:
statista wird in Deutschland erstellt und sammelt laut eigenen Angaben die wichtigsten Statistiken und **Studien** von Marktforschern, Verbänden, Fachpublikationen und staatlichen Einrichtungen.

Anleitung für statista:
– statista bietet vorgefertigte Tabellen und Grafiken, die Sie nicht dynamisch anpassen können. Dadurch werden die Tabellen auch mit Suchmaschinen gefunden.
– Gucken Sie bei relevanten Daten, welche Begriffe unter „Mehr Inhalte zu…" genannt werden und suchen Sie ggf. mit diesen Begriffen weiter.
– Unter dem Navigationspunkt „Branchen und Themen" können Sie gezielt Daten zu diesen abrufen, ohne eine Suche durchzuführen.
– **Tipp:** Sehen Sie sich die Herkunfts-Publikation unter dem Tab „Veröffentlichung" als Ganzes an. Dort sind vermutlich weitere relevante Daten zu Ihrem Thema zu finden.

Anbieter: Statista GmbH

Bisnode /
Hoppenstedt

Bisnode / Hoppenstedt: Firmendatenbank für Deutschland

Zugang: Lizenzpflichtig, für Sie kostenlos in vielen Bibliotheken
(www.hoppenstedt-hochschuldatenbank.de)

Beschreibung:
Die Firmendatenbank für Hochschulen liefert detaillierte Informationen über die
300.000 bedeutendsten Unternehmen und Institutionen in Deutschland.

Anleitung für Bisnode:
– Geben Sie entweder einen Firmennamen ein oder
– wählen Sie je nach Bedarf durch Klick auf den Pfeil beim betreffenden Eingabe-
  feld Bundesländer, Kreise, Branchen, Umsatz- oder Beschäftigten-Klassen oder
  Rechtsform aus.
– Branchenbezeichnungen und Codes können Sie auch in dem auf der Startseite
  unten verlinkten PDF mit der Klassifikation (> Kap. 12.6) suchen.
– Klicken Sie nach Ausfüllen der Suchmaske unten auf „Suchen“.
– **Tipp:** Sie können Ihre Trefferlisten nach Ort, Umsatz oder Anzahl der Beschäf-
  tigten sortieren, indem Sie in der Ergebnis-Tabelle auf die Spaltenbezeichnung
  klicken.

Anbieter: Bisnode Deutschland GmbH

Hinweis: Nexis (bisher Lexis Nexis / Wirtschaft) ist eine wichtige Datenbank für
internationale Firmeninformation. Da Nexis auch eine Pressedatenbank ist, finden
Sie die Beschreibung und Anleitung für Nexis im Abschnitt *Presseartikel* finden
(> Kap. 11).

12.5 Forschungsdaten finden

Forschungsdaten

Oftmals werden in empirischen Arbeiten Berechnungen mit eigenen
Daten erstellt oder externe Daten weiterverarbeitet. Noch vor wenigen
Jahren gab es kaum Möglichkeiten, diese Forschungsdaten zu repli-
zieren oder zu prüfen. In letzter Zeit arbeiten Organisationen wie Data-
Cite (www.datacite.org) oder Projekte wie EDaWaX (www.edawax.de)
daran, Forschungsdaten dauerhaft zur Verfügung zu stellen und re-
cherchierbar zu machen, um so die Nachnutzung und Weiterverarbei-
tung zu unterstützen. Wenn Sie für Ihre eigene Arbeit Forschungsdaten benötigen, sollten Sie sich über aktuelle Projekte in diesem Kontext informieren, um so auf die entsprechenden Daten zugreifen zu
können. Re3Data.org bietet einen guten Überblick über nachgewiese-
ne Forschungsdaten in verschiedenen Fächern (www.re3data.org).

12.6 Klassifikationen / Systematiken

Klassifikationen (auch Systematiken genannt) sind Verzeichnisse mit einer hierarchischen Struktur. Für die Wirtschaftswissenschaften gibt es z. B. Klassifikationen für: **Klassifikation**

- **Branchen** (Fischerei, Einzelhandel, Herstellung von Maschinen, usw.),
- **Güter** (Milchprodukte, Kraftfahrzeuge, Stahlerzeugnisse, usw.),
- **Dienstleistungen** (Finanzdienstleistungen, IT-Services, usw.) oder
- **Themenbereiche** (Makroökonomik, Geldtheorie, usw.).

Dabei sind die einzelnen Stellen der Klassifikation meist mit **Codes** versehen. Für die Suche in einer Datenbank, die eine bestimmte Klassifikation verwendet, wird häufig der Code eingegeben, nicht die ausgeschriebene Bezeichnung der Klassifikationsstelle.

Beispiel: In der JEL-Klassifikation steht F34 für das Thema „International Lending and Debt Problems".

Einige bekannte Klassifikationen der Wirtschaftswissenschaften, die Sie in mehreren Datenbanken finden, sind:

JEL **JEL**
www.aeaweb.org/econlit/jelCodes.php
Die JEL (Journal of Economic Literature Classification) ist eine **fachliche** Systematik und wurde ursprünglich entwickelt, um Aufsätze des „Journal of Economic Literature" thematisch zuzuordnen. Sie hat sich aber in der VWL sehr stark verbreitet und findet sich jetzt auch in Aufsätzen aus anderen Zeitschriften und in vielen bibliographischen Datenbanken (> Kap. 3.3) und Veranstaltungskalendern (> Kap. 14.1).

NACE **NACE**
www.ec.europa.eu/eurostat/ramon
Die NACE ist die Systematik der **Wirtschaftszweige** in der Europäischen Gemeinschaft (Nomenclature statistique des activités économiques dans la Communauté européenne). Sie wird z. B. in der statistischen Datenbank EuroStat (> Kap. 12.4) verwendet.

ISIC (International Standard Industrial Classification of All Economic Activities) **ISIC**
http://unstats.un.org/unsd/cr
Die ISIC der UN bildet ebenso wie die NACE und die WZ-2008 (s. u.) **Wirtschaftszweige** ab.

SITC

SITC (Standard International Trade Classification)
http://unstats.un.org/unsd/cr
Die SITC der UN ist eine Systematik für **Waren**. Sie wird z. B. in der
Datenbank UN Comtrade verwendet, die Daten zu Importen und Exporten von Gütern aus aller Welt enthält.

WZ 2008

WZ 2008
www.statistik-portal.de/Statistik-Portal/de_klassiWZ08.asp
Die **Wirtschaftszweige**-Klassifikation von 2008 wurde vom deutschen
Statistischen Bundesamt erstellt und wird u. a. auch in der Datenbank
Bisnode / Hoppenstedt Firmendatenbank (> Kap. 12.4) verwendet.

13 Spezialbibliotheken nutzen

Spezialbibliothek

Für Arbeiten zu speziellen Themen oder für weiter fortgeschrittene Forscherinnen und Forscher lohnt es sich, nicht nur die eigene Hoch-
schul- und Fachbereichsbibliothek, sondern auch die Bestände und
Dienste von Spezialbibliotheken zu nutzen. Im Folgenden finden Sie
einige Beispiele für wirtschaftswissenschaftliche Spezialbibliotheken
in Deutschland:

ZBW

Deutsche Zentralbibliothek für Wirtschaftswissenschaften (ZBW)
www.zbw.eu
Die ZBW ist die größte Bibliothek ihres Faches weltweit. Sie sammelt
nicht nur BWL- und VWL-Literatur vollständiger als jede andere Bibliothek, sondern bietet darüber hinaus viele kostenlose Online-Services:

– EconBiz (> Kap. 3.3.4) ist ein Rechercheinstrument für Aufsätze,
  Zeitschriften, Bücher und Veranstaltungen der Wirtschaftswissenschaften aus aller Welt.
– EconDesk (> Kap. 5.5) ist eine Online-Auskunft zu Wirtschaftsthe-
  men, bei der Sie via E-Mail, Chat oder Telefon Unterstützung bei
  der Literatur- und Faktenrecherche bekommen.
– EconStor (www.econstor.eu) ist ein fachlicher Publikationsserver
  für wirtschaftswissenschaftliche Literatur, auf dem Forschungseinrichtungen und Einzelpersonen ihre Publikationen dauerhaft,
  sicher und zitierfähig archivieren und bereitstellen können.
– Der Standard-Thesaurus Wirtschaft (STW) (> Kap. 1.2) ist ein hierarchisch aufgebauter Wortschatz der Wirtschaftswissenschaften
  auf Deutsch und Englisch. Hier können Sie nachschlagen, mit welchen Suchbegriffen Sie am besten in Ihre thematische Recherche
  einsteigen.

Die ZBW hat Standorte in Hamburg und Kiel. Aufgabe ist es aber, Forschende und Studierende aus ganz Deutschland und weltweit mit Fachinformation zu versorgen. Dies geschieht einerseits durch Digitalisierung, Archivierung, Fernleihe und Dokumentlieferdienste (> Kap. 19.3), andererseits z. B. durch das Eintreten für Open Access (> Kap. 19.1) in der Wissenschaft.

Des Weiteren arbeitet die ZBW an Projekten zu Forschungsdaten (> Kap. 12.5), Linked Open Data und Science 2.0, um die Informationsversorgung und -landschaft aktiv mitzugestalten. In den ZBW Labs finden Sie eine Übersicht (www.zbw.eu/labs/de/project).

Darüber hinaus gibt es an vielen Orten Bibliotheken mit großen wirtschaftswissenschaftlich relevanten Beständen. Eine Liste wirtschaftswissenschaftlicher Bibliotheken im deutschsprachigen Raum wurde von der Uni-Bibliothek Frankfurt am Main zusammengestellt: www.ub.uni-frankfurt.de/wib/wib1.html

Verzeichnis

Spezielle Hochschulbibliotheken
Spezielle Hochschulen haben auch Bibliotheken mit speziellen Beständen (z. B. die Kühne Logistics University Hamburg (www.the-klu.org/library) oder die Hertie School of Governance Berlin (www.hertie-school.org/library)). Diese können teilweise auch von Nicht-Hochschulangehörigen genutzt werden.

In der AG der privaten Hochschulbibliotheken sind viele Bibliotheken mit Wirtschaftsbezug zu finden:

www.privatehochschulbibliotheken.wordpress.com/about/beteiligte-bibliotheken.

14 Kontakte finden

14.1 Konferenzen und Summer Schools finden

Ab einem bestimmten Zeitpunkt in Ihrer wissenschaftlichen Laufbahn wollen Sie sich mit anderen Personen über Ihr Thema austauschen, über die neuesten Forschungsergebnisse informiert sein und Ihre eigene Forschung vorstellen. Dafür eignen sich wissenschaftliche Tagungen oder Summer Schools. Sie haben die Möglichkeit, Forscherinnen und Forscher kennen zu lernen, die an ähnlichen Themen arbeiten wie Sie und sich über laufende Arbeiten zu informieren. So bekommen Sie neue Denkanstöße für Ihre eigene Arbeit.

Konferenz finden

Hinweise auf wissenschaftliche Veranstaltungen bekommen Sie oft aus Ihrer Community, aber Sie finden sie auch in Veranstaltungskalendern. Diese sind nicht vollständig, werden aber mit Hinweisen aus der wissenschaftlichen Community unterstützt und weisen einen beachtlichen Umfang auf. In ihnen ist eine sehr viel gezieltere Suche nach Veranstaltungen möglich als in Suchmaschinen. Außerdem treffen sie anhand von Sammelprofilen eine Auswahl und verzeichnen ausschließlich wissenschaftliche Tagungen, Konferenzen, Summer Schools und Workshops.

EconBiz Veranstaltungskalender

EconBiz

www.econbiz.de/events

Im EconBiz-Veranstaltungskalender finden Sie wirtschaftswissenschaftliche Veranstaltungen aus aller Welt. Sie können den Kalender durchsuchen oder sich Veranstaltungen zu bestimmten Themen (*JEL-Klassifikation*, > Kap. 12.6), Ländern, Veranstaltungsarten, Sprachen oder veranstaltenden Institutionen anzeigen lassen.

Der Button bei einem Veranstaltungs-Nachweis leitet Sie zur Veranstaltungs-Website mit näheren Informationen.

Unter der Trefferliste können Sie ein **RSS-Feed** (> Kap. 15.1) abonnieren und sich über neue Eintragungen zu Ihrer Suche informieren lassen.

In einem **Archiv** finden Sie vergangene Veranstaltungen. Teilweise sind dort noch aktive Websites mit Tagungsbänden oder Kontaktpersonen verlinkt.

INOMICS Conferences

INOMICS

www.inomics.com/economics/conferences

Auch im INOMICS Veranstaltungskalender können Sie nach wirtschaftswissenschaftlichen Veranstaltungen aus aller Welt suchen. Neben der Suche gibt es die Filtermöglichkeiten Kontinent, Land, Veranstaltungsart und Fachgebiet (*JEL-Klassifikation*, > Kap. 12.6).

Sie finden ausführliche Angaben zu Veranstaltungsort, Kontaktpersonen und Terminen sowie einen Link zur Veranstaltungs-Website.

Über einen wöchentlichen **Newsletter** können Sie sich über Neueintragungen zu Ihrem Thema informieren lassen.

Weitere Angebote sind z. B.:

SSRN Conferences: www.ssrn.com/en/index.cfm/conferences oder von der Zeitschrift **The Economist** zusammen gestellte Konferenzen: www.economist.com/events-conferences.

14.2 Forschernetzwerke: Wissenschaftliche soziale Netzwerke nutzen

Mittlerweile gibt es eine Reihe von Netzwerken, die Sie u. a. bei Ihrer Recherche nutzen können. Ursprung, Fokus und fachliche Ausrichtung einzelner Angebote sind sehr unterschiedlich, so dass pauschale Ratschläge zur Nutzung dieser Netzwerke schwierig sind. Es kann für Ihre Forschung und Recherche wichtige Gruppen in Facebook, Google+, Mendeley, ResearchGate oder weiteren Netzwerken geben. Da viele dieser Gruppen und Netzwerke recht kurzlebig sind, können wir hier nur einige Hinweise, aber keine Übersicht über alle relevanten Netzwerke und deren Funktionen geben.

Forschernetzwerk

Oftmals werden Netzwerkplattformen von technikaffinen Fächern sowie Naturwissenschaften und Medizin dominiert, aber es gibt dort auch Einzelpersonen und Gruppen, die sich zu speziellen Themen mit Bezug zu den Wirtschaftswissenschaften austauschen.

14.2.1 Einzelne Netzwerke kurz vorgestellt

Google +
www.plus.google.com
Mitte 2011 gegründet ist Google+ ein relativ junges aber erfolgreiches soziales Netzwerk. Die Verknüpfung mit anderen Google-Diensten bietet viele Möglichkeiten, stellt aber unter Datenschutzgesichtspunkten auch ein Gefahrenpotential dar. Google-Hangouts werden zur Organisation des wissenschaftlichen Arbeitens verwendet und viele wissenschaftlich Arbeitende sind in Google+ aktiv. Je nach eigenem Forschungsinteresse lohnt es sich, entsprechende sogenannte Kreise mit bestimmten Personen zu erstellen und die Posts dieser Personen zu verfolgen.

Google +

Mendeley
www.mendeley.com
Mendeley wurde 2007 gegründet und 2013 von dem Verlag Elsevier gekauft. Ursprünglich lag der Fokus von Mendeley in der Speicherung und Verwaltung von Literatur (*Literaturverwaltung*, > Kap. 20). Inzwischen gibt es dort aber auch zahlreiche Gruppen, die ihre Kommunikation über Mendeley organisieren. Mendeley kann zur Organisation, zum Teilen und zum Entdecken von Publikationen und weiteren Informationsquellen genutzt werden.

Mendeley

Über die Fächerüberschriften oder die Suche nach bestimmten Themen können Sie in Mendeley passende Gruppen oder Expertinnen und Experten oder aber auch besonders beliebte Publikationen zu bestimmten Themen finden.

ResearchGate

ResearchGate
www.researchgate.net
ResearchGate ist 2008 als Austauschplattform entstanden, um die Kollaboration im Wissenschaftsbetrieb zu erleichtern. Publikationen können über ResearchGate nachgewiesen und publiziert und somit auch recherchiert werden. Publikationen, die nicht frei zugänglich sind, können bei den Autorinnen oder Autoren angefragt werden. Zudem bietet ResearchGate eine Plattform zur Organisation von Projekten und weist Stellenangebote nach. Mehr als 3 Millionen Personen nutzen heute ResearchGate.

Ein wichtiges Element von ResearchGate ist der Frage-und-Antwort-Bereich (Q&A).

Twitter

Twitter
www.twitter.com
Informationen zur Vernetzung über Twitter finden Sie im Abschnitt *Auf dem Laufenden bleiben* (> Kap. 15).

Prüfen Sie ggf. auch, ob es in **Facebook**, **Xing**, **LinkedIn** oder ähnlichen Netzwerken eine Gruppe oder aktive Personen zu Ihrem Thema gibt.

14.2.2 Kritik an sozialen Netzwerken

Kritik

Beachten Sie beim Umgang mit sozialen Netzwerken immer, dass alles, was Sie dort schreiben meist **auf Dauer** über die Anbieter der Plattform, über Netzarchive oder Suchmaschinen **sichtbar** ist. Fragen oder Kommentare, die Sie dort posten, können also dauerhaft mit Ihrem Namen in Verbindung stehen. Prüfen Sie ggf., ob Sie auch anonym oder nur in dem geschützten Bereich einer bestimmten Gruppe eine Frage stellen können.

Für die **Antworten** und Hinweise, die Sie über solche Gruppen erhalten, gilt, dass sie **selten qualitätsgeprüft** sind. Es kann also passieren, dass Leute antworten, die weniger über das Thema wissen als die Fragenden selbst. Allerdings gibt es auch eine Reihe von **Mechanismen**, die dafür sorgen, dass ein Großteil der **Antworten durchaus hilfreich** ist. Einerseits werden durch die Diskussionen innerhalb einer Gruppe „schlechte" Antworten schnell entlarvt, andererseits gibt es oftmals Merkmale, an denen Sie erkennen können, ob jemand gut in einem Fachgebiet verankert ist und sich fundiert äußert. Hier können Sie z. B. Anzahl von Publikationen, Vernetzung innerhalb einer Community oder auch ein Punktesystem wie bei ResearchGate als Bewertungskriterien nutzen.

Beachten Sie auch, dass Online-Netzwerke oft besonders von jungen Forscherinnen und Forschern genutzt werden oder nur in bestimmten Ländern und Regionen populär sind, so dass es sehr gut sein kann, dass wichtige Personen und Meinungen Ihres Fachgebietes dort nicht repräsentiert sind. Sie sollten sich also nicht blind auf dort gefundene Antworten oder Aussagen verlassen, sondern auch hier auf die Bewertungskriterien zur Qualitätssicherung der Information zurückgreifen.

Soziale Netzwerkplattformen können von kommerziellen Interessen getrieben oder unterwandert werden, so dass ein gesundes Misstrauen gegenüber manchen Suchergebnissen oder Bewertungen durchaus angebracht ist. Trotz aller Einschränkungen können sie wertvolle Unterstützung bei der Recherche liefern.

15 Auf dem Laufenden bleiben

Wenn Sie über einen längeren Zeitraum an einem Thema arbeiten, möchten Sie sich über Neuerscheinungen auf dem Laufenden halten – und das möglichst automatisiert. Dafür können Sie verschiedene Services nutzen.

15.1 Alerting Services / RSS Feeds

Alerting Services sind kostenlose automatische Benachrichtigungen über Neueintragungen – sei es in eine Datenbank, einen Katalog, einen Blog – oder über neu erschienene Zeitschriftenhefte.

Alerting Service

Viele Datenbanken wie EBSCO Business Source, ABI/INFORM, EconBiz, WISO, usw. (> Kap. 3.3.4) bieten die Möglichkeit, Alerts zu abonnieren. Diese beziehen sich meist auf die aktuelle Suche in dieser Datenbank. Sie führen eine Suche durch, wählen den Button „Alert" oder „RSS-Feed abonnieren" und bekommen in Zukunft Benachrichtigungen, wenn neue Treffer zu dieser Suchanfrage in die Datenbank eingetragen werden. Meist bekommen Sie die Benachrichtigungen als RSS-Feed.

RSS-Feed

RSS-Feeds (von Really Simple Syndication) sind ursprünglich für Blogs erstellt worden. Sie benachrichtigen über Änderungen auf Websites – oder über neue Eintragungen in Blogs oder Datenbanken.

Tipp: In **LOTSE** (http://lotse.sub.uni-hamburg.de/wirtschaftswissenschaften) finden Sie im Bereich „Auf dem Laufenden bleiben" **weitere Hinweise zu RSS-Feeds** und Möglichkeiten, sich diese Anzeigen zu lassen.

Hinweis: Für einige Datenbanken ist eine **kostenlose Registrierung** für das Anlegen von Alerts notwendig. Handelt es sich um lizenzpflichtige Datenbanken, können Sie sich überall in Ihren Account einloggen, wo die Datenbank abrufbar ist.

15.2 Neuerwerbungslisten von Bibliotheken

Neuerwerbung

Viele Bibliotheken bieten z.B. monatlich erscheinende Neuerwerbungslisten an, in denen Sie Informationen zu den neu eingekauften Büchern und Zeitschriften eines Faches finden. Diese können Sie als Newsletter oder RSS-Feed (> Kap. 15.1) abonnieren oder auf der Bibliotheks-Website einsehen. Fragen Sie danach in Ihrer Bibliothek.

15.3 Inhaltsverzeichnisse von Zeitschriften

Inhaltsverzeichnis

Viele Zeitschriften bieten **Inhaltsverzeichnisse und Abstracts von Zeitschriftenaufsätzen kostenlos im Internet** an. Nur der gesamte Text ist dann lizenzpflichtig und kann nur mit entsprechender Zugangsberechtigung ggf. über Ihre Bibliothek eingesehen werden. Sehen Sie, ob die Zeitschriften, die für Sie besonders wichtig sind, eine automatische Benachrichtigung (> Kap. 15.1) über neu erscheinende Hefte anbieten.

Tipp: Wenn eine Zeitschrift keinen Alerting-Service (> Kap. 15.1) anbietet, prüfen Sie, ob die von Ihnen genutzte Datenbank die betreffende Zeitschrift auswertet, also alle Aufsätze der Zeitschrift verzeichnet. Suchen Sie in dieser Datenbank mit dem Suchschlüssel (> Kap. 4.1) „Source" / „Erschienen in" nach der Zeitschrift und abonnieren Sie sich einen Alert in der Datenbank.

15.4 Blogs

Blogs sind sehr gut dafür geeignet, sich über Forschungen einzelner Personen, über Themen oder Institutionen auf dem Laufenden zu halten.

Beispielsweise stellt Nobelpreisträger Paul Krugman in seinem Blog in der New York Times Gedanken zu aktuellen Themen zur Diskussion. Die Diskussion in den Kommentaren und in anderen Blogs zeigt den Stellenwert in der entsprechenden Community (http://krugman.blogs.nytimes.com).

Das Fachportal RFE (www.rfe.org) (> Kap. 9.1) verzeichnet einzelne wirtschaftswissenschaftliche Blogs und Blog-Verzeichnisse.

Des Weiteren können Sie über die Google Blogsuche (www.google.de/blogsearch) Blogs nach Themen oder Personen durchsuchen und so auf einzelne Blog-Posts stoßen.

Gerade bei Blogs gibt es auch Preise und Auszeichnungen, über die Sie interessante Blogs finden können, z. B. den Finanzblog-Award (www.finanzblog-award.de/award).

Einzelne Blogs verweisen wiederum über umfangreiche Listen auf ähnliche nationale und internationale Blogs. So finden Sie unter www.dieboersenblogger.de unten auf der Seite Links zu weiteren Blogs.

Tipp: Interessante Blogs für den Einstieg könnten sein:
Ökonomenstimme (www.oekonomenstimme.org) oder VOX (www.voxeu.org).

Wenn Sie ein Blog über längere Zeit verfolgen wollen, können Sie i.d.R. RSS-Feeds (> Kap. 15.1) abonnieren und sich über Neueintragungen informieren lassen.

15.5 Konferenzen

Auch wissenschaftliche Konferenzen eignen sich natürlich hervorragend dazu, sich über neue Entwicklungen und Forschungen zu Ihrem Thema auf dem Laufenden zu halten. Mehr dazu finden Sie im Abschnitt *Konferenzen und Summer Schools* finden (> Kap. 14.1).

15.6 Forschernetzwerke

Forschernetzwerke (> Kap. 14.2) bieten häufig die Möglichkeit, Newsfeeds, E-Mail-Alerts etc. zu bestimmten Themen zu abonnieren oder sie informieren über neue Fragen und Antworten zum eigenen Themengebiet.

Blog

Konferenz

Forschernetzwerk

15.7 Twitter

Twitter

Wenn Sie bei Twitter (www.twitter.com) Personen folgen, die in Ihrem Fachgebiet aktiv sind und gleichzeitig gut über soziale Netzwerke vernetzt sind, können Sie auf diesem Wege sehr aktuell interessante Neuigkeiten erfahren. Je nach Fachgebiet ist auch eine Suche nach Hashtags zu bestimmten Themen oder Konferenzen sinnvoll (z. B. #Kartellrecht). Twitter wird derzeit in den Wirtschaftswissenschaften nur von einigen Personen intensiv im Forschungskontext genutzt. Wenn Sie in einem innovativen Umfeld arbeiten, kann sich dieser Weg aber durchaus anbieten, um auf dem Laufenden zu bleiben.

16 Häufig gestellte Fragen (Advanced)

Die häufig gestellten Fragen:

- Wie finde ich die wichtigsten Zeitschriften?
- Wie finde ich die wichtigsten / meistzitierten Aufsätze?
- Wie finde ich Dissertationen?
- Wie finde ich Statistiken?
- Wie kann ich mich vernetzen?
- Wie kann ich mich auf dem Laufenden halten?

wurden in den Kapiteln des Abschnitts *Advanced* behandelt.

Für die Frage: „**Ich stecke fest, was tun?**" gelten die gleichen Hinweise wie im gleichnamigen Abschnitt unter *Basics* (> Kap. 5.5).

Bleibt die Frage, wie Sie **von einem Literatur-Nachweis an den (möglichst elektronischen) Volltext** gelangen. Sehen Sie dafür in den Abschnitt *Literatur beschaffen* (> Kap. 19).

17 Zusammengefasst: *Advanced* für Eilige

Für Eilige

Wichtigste
Zeitschriften finden

Auch für den Abschnitt *Advanced* noch einmal die Zusammenfassung für diejenigen, die in Eile sind:

Sobald Sie sich länger mit einem Thema auseinandersetzen, wird es wichtiger, einschlägige Zeitschriften regelmäßig auf neu erscheinende Artikel hin durchzusehen. Welche die einschlägigen Zeitschriften sind, können Sie von Ihrer Professorin / Ihrem Professor erfahren oder selbst in **Zeitschriften-Rankings** (> Kap. 7.1) ermitteln. Wichtige Zeitschriften-Rankings sind die Journal Citation Reports (JCR), Eigenfactor, JOURQUAL und die Umfrage „Was lesen und schätzen Ökonomen?".

Mit zunehmender Spezialisierung in Ihrer Forschung wird es auch wichtiger zu wissen, wer zu Ihrem Thema am meisten zitiert wird und eine wichtige Rolle in der Forscher-Community einnimmt. Informationen darüber finden Sie in Datenbanken, die **Zitationsanaylsen** betreiben (> Kap. 8.1) und in **Forscher-Rankings** (> Kap. 8.2). Wichtigste Datenbank ist in dieser Hinsicht der Social Sciences Citation Index (SSCI) im Web of Knowledge (> Kap. 8). Auch Google Scholar und CitEc von RePEc betreiben Zitationsanalyse und weisen aus, wie häufig eine Publikation aus ihrem Datenbestand zitiert wurde. Forscher-Rankings bieten das Handelsblatt und CitEc von RePEc (> Kap. 8.2).

Wichtige Personen und Aufsätze finden

Für einige Bedarfe können neben allgemeinen bibliographischen Datenbanken (> Kap. 3.3) auch weitere, spezialisierte Datenbanken eine Rolle spielen:

Spezielle Datenbanken

- **Pressedatenbanken** (Nexis (bisher Lexis Nexis / Wirtschaft), Factiva und Genios Pressequellen) z. B. dann, wenn Sie ein sehr aktuelles Thema behandeln oder die Reaktion der Presse auswerten wollen (> Kap. 11).
- **Datenbanken und Kataloge, die Dissertationen verzeichnen** (Katalog der Deutschen Nationalbibliothek, EconBiz, Dissertation Express, Index to Theses, ProQuest Dissertations & Theses Full Text) z. B. dann, wenn Sie eine Vorlage für Ihre eigene Dissertation suchen oder prüfen wollen, ob bereits eine Dissertation zu Ihrem Thema verfasst wurde (> Kap. 10).
- **Fachportale** der Wirtschaftswissenschaften oder angrenzender Fächer (EconBiz, INOMICS, RePEc, RFE, SSRN, sowiport, ViFaPol, ViFaRecht), wenn Sie überwiegend freie Volltexte suchen, ohne Zugang zu einer Bibliothek frei im Netz suchen wollen oder die Mehrwertdienste der Portale nutzen möchten (> Kap. 9).

Auch wird mit fortschreitender Spezialisierung die **Fakten-Recherche** (> Kap. 12) wichtiger, weil Sie ggf. nicht mehr alle Daten in der Form, in der Sie sie benötigen, in der Literatur finden. **Statistische Datenbanken** bieten neben einer Suche häufig ein sogenanntes Browsing, einen Klickpfad durch eine Systematik / Klassifikation (> Kap. 12.6). Darüber hinaus sind Möglichkeiten gegeben, die Variablen (Zeit, Länder, usw.) selbst festzulegen und Tabellen in der Form anzuordnen und zu exportieren, wie Sie dies benötigen.

Statistik

Wenn Sie Daten suchen, überlegen Sie, wer diese entweder amtlich erhebt oder ein Interesse daran hat, Daten in Umfragen oder Stichproben zu sammeln und zu veröffentlichen. **Wichtige statistische**

Datenbanken (> Kap. 12.4) und Statistik-Quellen (> Kap. 12.3) für die Wirtschaftswissenschaften sind z. B.:

- Destatis, Statistisches Amt Deutschland
- EuroStat, Statistisches Amt der EU
- OECD iLibrary (lizenzpflichtig), statistische Datenbank der OECD
- World Databank, statistische Datenbank der Weltbank
- Statista (überwiegend lizenzpflichtig, freie Suche möglich), Ergebnisse von Umfragen und Marktstudien aus vielen Quellen an einer Stelle versammelt
- Bisnode (bisher Hoppenstedt Firmendatenbank, lizenzpflichtig), Firmendatenbank für Deutschland
- Nexis (bisher: Lexis Nexis / Wirtschaft, lizenzpflichtig), Firmendaten aus aller Welt
- Daten von Branchen-Verbänden
- Jahresberichte von Unternehmen
- Handelsregister
- Börsendatenbanken (leider nur vereinzelt in Bibliotheken vorhanden)
- Marktstudien (leider kaum in Bibliotheken vorhanden)
- Daten von Einrichtungen wie Ministerien, Ämtern, internationalen Organisationen und Forschungseinrichtungen.

Ob Sie zu den lizenzpflichtigen Datenbanken in Ihrer Bibliothek **Zugang** haben und welche weiteren Faktendatenbanken es gibt, sehen Sie in **DBIS** (http://rzblx10.uni-regensburg.de/dbinfo) dem Datenbank-Infosystem. Oder Sie fragen am Info-Tresen Ihrer Bibliothek.

Austausch

Konferenzen und Online-Forschernetzwerke spielen eine wichtige Rolle für den wissenschaftlichen Austausch. In Veranstaltungskalendern wie dem von EconBiz und INOMICS finden Sie Tagungen, Konferenzen und Summer Schools thematisch und geographisch untergliedert.

Auf dem Laufenden bleiben

Konferenzen und Forschernetzwerke dienen auch dazu, sich zu Ihrem Thema auf **dem Laufenden zu halten.** Weitere Optionen sind hierfür:
- Automatische Benachrichtigung von Datenbanken (sogenannte Alerting-Services, > Kap. 15.1), die Sie über Neueintragungen zu Ihrer Suche informieren. Diese lassen sich häufig via RSS-Feed abonnieren (> Kap. 15.1).
- Neuerwerbungslisten von Bibliotheken (> Kap. 15.2)
- Inhaltsverzeichnisse (> Kap. 15.3) der wichtigsten Zeitschriften zu Ihrem Thema (> Kap. 7.1, *Rankings*)
- Blogs (> Kap. 15.4) und Twitter (> Kap. 15.7).

Informationen weiter verarbeiten

18 Literatur bewerten

Haben Sie mit Ihrer Suche eine Trefferliste generiert, wollen Sie:

– die **Relevanz** für Ihre Arbeit **bewerten**, um zu sehen, ob es sich lohnt, das Werk zu beschaffen (> Kap. 19) und
– Sie wollen **prüfen**, ob die Publikationen wissenschaftliche **Qualitätskriterien** erfüllen und verlässliche Informationen enthalten, die Sie in Ihrer Arbeit verwenden können.

Was Sie in bibliographischen Datenbanken (> Kap. 3.3) **und Katalogen wissenschaftlicher Bibliotheken** (> Kap. 3.2) **finden, ist i.d.R. qualitätsgeprüft.** Auch hier gibt es jedoch Unterschiede, z.B. zwischen praxisnahen Zeitschriften („Absatzwirtschaft") oder Magazinen („brand eins") und hochrangigen wissenschaftlichen Zeitschriften („Econometrica"), die zum Teil einen Peer-Review-Prozess (> Kap. 18.2) durchlaufen haben.

Literatur oder Websites, die Sie in wissenschaftlichen oder allgemeinen **Suchmaschinen** (> Kap. 3.4) finden, müssen Sie **selbst gründlich prüfen**, da hier keine intellektuelle Auswahl nach Kriterien der Wissenschaftlichkeit stattfindet.

18.1 Bewertung der Relevanz von Treffern

Die Bewertung der Relevanz von Treffern für Ihre Arbeit ist besonders wichtig, wenn Sie diese nicht gleich im Volltext öffnen können, sondern sie bestellen müssen oder Wege auf sich nehmen müssen, um an den Text zu gelangen.

Relevanz bewerten

Achten Sie dabei besonders auf die **Aktualität.** Je nach Thema ist diese wichtiger oder weniger wichtig. Treffer, die mehr als zehn Jahre alt sind, sollten Sie besonders auf die inhaltliche Relevanz für Ihre Arbeit überprüfen.

Aktualität

Eine Ausnahme kann die Recherche für Dissertationen darstellen, für die Sie häufig einen vollständigen Überblick über das Thema benötigen, so dass auch ältere Publikationen eine Rolle spielen.

Ein ebenso wichtiger Aspekt ist die **inhaltliche Relevanz.** Hinweise darauf, ob Ihr Thema in einer Publikation zentral oder nur am Rande behandelt wird, enthalten:

Inhalt

- **Schlagwörter** in Katalogen und Datenbanken (> Kap. 1.2),
- Digitalisierte **Inhaltsverzeichnisse** und **Klappentexte** von Büchern,
- **Abstracts** (Zusammenfassungen, die in Datenbanken, Katalogen oder auf der Website von Zeitschriften zu finden sind) oder
- Die **Google Books Vorschau**, die einige Seiten durch Google eingescannter Bücher kostenlos anzeigt.

Je nach Quelle in der Sie recherchieren, kann die Bewertung der inhaltlichen Relevanz auch erst nach einer positiv ausgefallenen **Prüfung der wissenschaftlichen Qualität** erfolgen. Diese kann aber i.d.R. erst am Volltext vorgenommen werden. Stimmt die Qualität nicht, kann die Publikation noch so aktuell und inhaltlich passend sein, Sie sollten sie für Ihre Arbeit verwerfen. **Das wichtigste ist, dass Sie Ihre Argumentation und Ausführung auf verlässliche, nachvollziehbare und geprüfte Information aufbauen.**

18.2 Bewertung der wissenschaftlichen Qualität von Literatur

Qualität bewerten

Sobald Sie eine Publikation im Volltext vorliegen haben – sei es gedruckt oder online – können Sie prüfen, ob sie wissenschaftlichen Qualitätskriterien entspricht.

Wissenschaftliche Literatur erkennen Sie formal an:

- Literaturhinweisen im Text,
- Fußnoten,
- Literaturverzeichnis,
- Verwendung von Fachsprache,
- keiner oder wenig Werbung.

Merkmale für die Qualität und die Bedeutung einer Publikation, die Sie teilweise nur anhand weiterer Quellen prüfen können, sind:

Personen

1. Personen
Prüfen Sie im Zweifelsfall, ob Personen, die eine Publikation geschrieben oder herausgegeben haben, an einer wissenschaftlichen Einrichtung beschäftigt sind und ob sie einen akademischen Grad haben.

Zitationshäufigkeit

2. Zitationshäufigkeit
Im Social Sciences Citation Index (SSCI) (> Kap. 8) und in Google Scholar (> Kap. 8) können Sie prüfen, wie häufig eine Publikation durch Andere zitiert wurde. Im SSCI werden jedoch nur Aufsätze aus den wich-

tigsten Zeitschriften ausgewertet (und keine Bücher). Wenn Sie eine Publikation dort nicht finden, ist das noch kein Ausschlusskriterium. Im Umkehrschluss können Sie aber alle anderen Prüfungen auslassen, sobald Sie eine Publikation im SSCI finden.

3. Qualität der Zeitschrift (bei Aufsätzen)

Wenn es sich bei Ihrer Publikation um einen Aufsatz aus einer Zeitschrift handelt, können Sie diese als Ganzes prüfen:

Handelt es sich um eine Zeitschrift, deren Aufsätze im **Peer-Review-Prozess** begutachtet werden, brauchen Sie keine weitere Prüfung der Qualität vornehmen (diese Information finden Sie meist auf der Website der Zeitschrift). Im Peer-Review-Prozess begutachten unabhängige Forscherinnen und Forscher eingereichte Artikel, lesen sie unter fachlichen Aspekten gegen und machen häufig Überarbeitungs- und Verbesserungsvorschläge.

Gehört eine Zeitschrift zu den wichtigsten eines Faches, ist sie in fachlichen **Rankings** (> Kap. 7.2) aufgeführt.

Auch der häufige Nachweis von **Zeitschriften in wissenschaftlichen Bibliotheken** ist ein Qualitätskriterium. Suchen Sie danach in der Zeitschriftendatenbank (ZDB) (> Kap. 7.2). Unterscheiden Sie jedoch zwischen Fachzeitschriften und Magazinen (> Kap. 2.2.7).

Zeitschrift

peer review

Rankings

Nachweis in Bibliothek

4. Verlag (bei Büchern)

Prüfen Sie im Zweifelsfall, in welchem Verlag ein Buch erschienen ist. Erscheint dort wissenschaftliche Literatur? Handelt es sich um einen Verlag mit einer bestimmten Ausrichtung oder Überzeugung? Ist er als objektiv zu betrachten? Finden Sie von dem Verlag Bücher in wissenschaftlichen Bibliotheken?

Verlag

Tipp: Es ist nicht machbar – und auch nicht erforderlich – diese Kriterien bei jeder Publikation zu prüfen. Tun Sie dies einerseits, wenn Sie an der wissenschaftlichen Qualität einer Publikation **zweifeln**. Andererseits können Sie **Zitationshäufigkeit** (> Kap. 8) **und Zeitschriften-Rankings** (> Kap. 7.1) hinzuziehen oder prüfen, ob ein **Peer-Review-Verfahren** (s.o.) angewandt wird, um **sicherzustellen, dass Sie wichtige Aufsätze aus hochgerankten Zeitschriften in Ihrer Arbeit stärker berücksichtigen**.

18.3 Bewertung der wissenschaftlichen Qualität von Websites

Websites oder Literatur, die Sie ohne Hinweis auf eine Zeitschrift oder Reihe im Internet finden, müssen Sie immer auf die Verwendbarkeit für eine wissenschaftliche Arbeit prüfen, um keiner Fehlinformation

Website bewerten

aufzusitzen. Des weiteren können Sie prüfen, ob Sie die gleiche Information in Publikationen finden, die in Datenbanken und Katalogen nachgewiesen sind. So steigern Sie die Qualität Ihrer Arbeit und die zitierten Quellen sind länger verfügbar, als dies bei Internetquellen teilweise der Fall ist.

Kriterien, die Sie bei der Bewertung von Internetquellen anwenden können, sind:

Aktualität

1. Stand der Information
Ist ein Veröffentlichungs-Datum genannt? Weist die Website ein aktuelles Design oder andere Hinweise auf eine regelmäßige Aktualisierung auf (Daten aus dem aktuellen Jahr o. ä.)?

Person

2. Personen
Ist eine verantwortliche Person genannt? Hat sie einen wissenschaftlichen Hintergrund? Wenn keine Person oder Institution (s. u.) genannt ist oder kein wissenschaftlicher Kontext der Person erkennbar ist, sollten Sie die Website nicht verwenden.

Institution

3. Institution (alternativ zu 2. Person)
Ist eine verantwortliche Institution genannt? Wenn ja: Vertritt sie eine bestimmte Ausrichtung oder Überzeugung? Ist sie anerkannt?
Wenn es sich um eine wissenschaftliche Einrichtung, ein Ministerium, ein Amt, eine internationale Organisation, einen Verband, o. ä. handelt, können Sie von der Verlässlichkeit der im Internet veröffentlichten Information ausgehen.

Stil

4. Inhalt und Stil
Prüfen Sie die Sprache von Websites. Bei Online-Publikationen sollten Sie auch darauf achten, ob die Argumentation einseitig ist, und ob Zitate und Literaturhinweise enthalten sind.

URL

5. URL
Die URL gibt Hinweise darauf, wo eine Publikation veröffentlicht wurde. Kürzen Sie diese bis nach der Top-Level Domain (.de / .com / .dk / usw.), um zu sehen, wer für die Seite verantwortlich ist.

Tipp: Prüfen Sie im Fall von Online-Publikationen ohne Reihen-Zugehörigkeit, **ob diese auch in Datenbanken oder Katalogen zu finden sind**. Vielleicht handelt es sich um die freie Fassung eines Artikels, der auch in einer Zeitschrift erschienen ist. Dann können Sie besser aus der „veröffentlichten Fassung" zitieren (> Kap. 21).

19 Literatur beschaffen: Der Weg zum Volltext

Der Weg von einem Literatur-Nachweis zum elektronischen oder gedruckten Volltext ist häufig gar nicht so einfach. Teilweise werden
Passwörter verlangt, wenn Sie aus Fachportalen oder Suchmaschinen
heraus einen Volltext öffnen wollen. Teilweise müssen Sie auf Liefe-
rungen von Büchern oder Aufsätzen, die Sie via Fernleihe (> Kap. 19.3)
bestellen, warten, weil Bibliotheken die Werke aus rechtlichen Gründen per Post verschicken müssen anstatt sie online an Ihre E-Mail-Adresse zu liefern. Der Grund für umständliche Wege zum Volltext ist das
Urheberrecht. Dieses gestattet es nur den Rechteinhabern, Volltexte zu
verbreiten. Bibliotheken dürfen darum Volltexte, die sie den Uni-Ange-
hörigen via Lizenz auf dem Campus zugänglich machen, nicht frei für
alle ins Netz stellen oder via E-Mail verbreiten.

Weg zum Volltext

Im Folgenden finden Sie verschiedene Wege zu online und gedruckten Volltexten erläutert. (Für den Zugang zu elektronischen und
gedruckten Zeitschriften vgl. auch Kap. 7.2.)

19.1 Open Access

Open Access steht für **freien Zugriff auf Publikationen im Internet**.

Open Access

Open Access verfügbare Papers werden nicht immer in Katalogen
(> Kap. 3.2) nachgewiesen, da es sich hier nicht um den bibliotheks-
eigenen Bestand handelt. Sie finden sie am besten in wissenschaftlichen Suchmaschinen (> Kap. 3.4.3) und in Repositorien wie RePEc
(> Kap. 9.1) und SSRN (> Kap. 9.1).

Was Bücher angeht, so hat Google Books (www.books.google.de)
teilweise in Kooperation mit Bibliotheken im großen Stil urheber-
rechtsfreie Werke digitalisiert und frei zugänglich gemacht. Auch ge-
schützte Werke wurden online gestellt. Diese können häufig in Aus-
schnitten online frei gelesen werden.

19.2 Lizenzen

Über Lizenzen wurde in diesem Buch schon einiges gesagt. Bibliotheken
kaufen von Verlagen und Hosts Lizenzen für Datenbanken und Zeitschriften, um diese auf dem Campus, im Uni-Netz und via Remote Access online frei zugänglich zu machen. Teilweise sind Lizenzen für Datenbanken auch auf einzelne Fachbereiche, die Bibliothek oder sogar

Lizenzen

einzelne Rechner beschränkt. Informationen darüber finden Sie i.d.R. in DBIS, dem Datenbank-Infosystem (> Kap. 3.3.3).

Meist funktioniert die Lizenz über IP-Erkennung. Sie surfen mit einer IP-Adresse Ihrer Hochschule und der Host oder Anbieter erkennt, dass Sie auf die Publikation oder Datenbank zugreifen dürfen. Sobald Sie von außerhalb des Uni-Netzes im Internet sind, haben Sie keinen Zugriff auf die lizenzierten Publikationen oder Sie müssen sich erst einloggen.

Achtung: Fachportale (> Kap. 9) **können teilweise nicht erkennen**, welche Lizenzen mit Ihrer IP-Adresse verknüpft sind, so dass Sie hier nur die Literatur-Nachweise finden und den Zugriff auf den Volltext selbst in Ihrem Bibliothekskatalog prüfen müssen.

Nationallizenz

Eine besondere Art der Lizenz ist die **Nationallizenz** (für Deutschland, www.nationallizenzen.de). Mit einer Förderung durch die DFG wurde für einige Zeitschriften eine deutschlandweite Lizenz eingekauft. Per Post können Sie Ihren Wohnsitz in Deutschland nachweisen, bekommen ein Passwort zugeschickt und können von zuhause aus auf diese Zeitschriften zugreifen.

Tipp: In der Elektronischen Zeitschriftenbibliothek (**EZB**) (> Kap. 7.2) und in **DBIS**, dem Datenbank-Infosystem (> Kap. 3.3.3) können Sie eine Bibliothek auswählen **und prüfen, für welche Zeitschriften und Datenbanken sie Lizenzen eingekauft** hat. Sie finden dort jeweils auch einen Hinweis, wenn es sich um eine Nationallizenz handelt.

19.3 Fernleihe und Dokumentlieferung

Wenn die Suche in Ihrem Katalog nach bestimmten Büchern oder Zeitschriften erfolglos ist und Sie nicht online frei auf sie zugreifen können, haben Sie immer noch die Möglichkeit, an den Text zu gelangen. Bibliotheken verschicken untereinander Bücher und Aufsätze per Fernleihe und es gibt den Dokumentlieferdienst subito, der Artikel und Bücher direkt an Sie schickt (kostenpflichtig).

Fernleihe

Nutzen Sie erst einmal den **Verbundkatalog Ihrer Region** (> Kap. 3.2.2). Dort können Sie prüfen, ob eine andere Bibliothek in Ihrer Stadt das Buch / die Zeitschrift im Bestand hat.

Finden Sie die Publikation in einer Bibliothek Ihres Verbundes aber nicht in Ihrer Stadt, können Sie sich in vielen Verbünden registrieren lassen und danach selbst **Online-Fernleihen** für Bücher oder

Online-Bestellungen für Aufsatz-Kopien aufgeben. Bücher / Aufsätze werden dann für Sie an Ihre Bibliothek geliefert. Die Kosten sind meist gering (z. B. 1,50 €). Fragen Sie nach Möglichkeiten und Kosten der Fernleihe am besten direkt in Ihrer Bibliothek. Ihre Bibliothek kann auch eine Fernleihe aus einem anderen Verbund für Sie durchführen, wenn das Werk nur dort vorhanden ist.

Warum nicht einfach online? Der Versand von Online-Aufsätzen in der Fernleihe wurde Bibliotheken durch das Urheberrecht verboten. Bei der Fernleihe mit Büchern und Aufsatz-Kopien handelt es sich aber um ein Gewohnheitsrecht, da Bibliotheken das „schon immer" so gemacht haben.

Die Fernleihe dauert durchschnittlich ein bis zwei Wochen – manchmal kann es schneller gehen. Eine Dokumentlieferung bei **subito** (www.subito-doc.de) bekommen Sie innerhalb von maximal 72 Stunden. Sie kostet aber auch etwas mehr.

Dokumentlieferdienst subito

So benutzen Sie subito:

- Registrieren Sie sich einmal mit der Adresse und E-Mail-Adresse, an die Sie Bücher und Aufsatz-Kopien sowie Rechnungen geschickt bekommen möchten.
- Gehen Sie dann links auf Zeitschriftensuche oder auf Büchersuche.
- Suchen Sie nach der betreffenden Publikation und klicken Sie (bei Zeitschriften nach Angabe eines Jahrgangs) bei einer Bibliothek Ihrer Wahl auf „bestellen".
- Geben Sie die Details zu Ihrem Aufsatz ein und bestellen Sie den Aufsatz oder das Buch.

Aufsätze werden (wo es die Verlage erlauben) online oder per Post an Sie geschickt (subito zahlt dafür Tantiemen an die VG Wort). Bücher bekommen Sie per Post zur Ausleihe zugeschickt und müssen diese nach Ende der Leihfrist auf eigene Kosten zurückschicken.

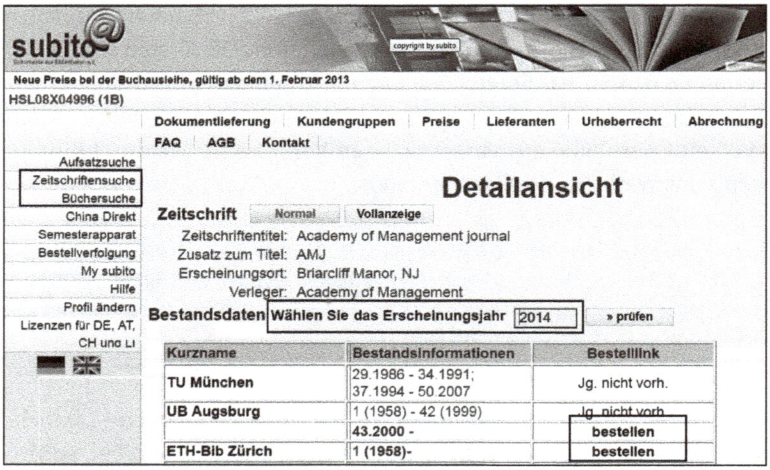

Abb. 21: Bestellung in subito (Stand 17. 1. 2014).

Tipp: Bevor Sie ein Buch oder einen Aufsatz per Fernleihe oder Dokumentlieferdienst bestellen und dafür Zeit und Geld investieren, **prüfen Sie genau die Relevanz**
(> Kap. 18.1), die diese Publikation für Ihre Arbeit hat. Lesen Sie Abstracts von Aufsätzen auf der Zeitschriften-Homepage und Inhaltsverzeichnisse von Büchern genau durch, bevor Sie sie bestellen.

19.4 Anschaffungsvorschlag / eBook on demand

Anschaffungsvorschläge für Bücher und Zeitschriften konnten Sie
schon immer machen. Bibliotheken sind daran interessiert, die Literatur anzubieten, die gebraucht wird und kommen Vorschlägen gern
nach. Sie prüfen, ob die Publikation ins Sammelprofil passt und ob das
Budget die Anschaffung erlaubt.

eBook on demand Leider war die Bearbeitungszeit vom Vorschlag bis zum Buch im
Regal immer relativ lang. Das hat sich jetzt aber mit dem Buy on De-
mand-Angebot vieler eBook-Kollektionen geändert: Das Geschäftsmo-
dell vieler eBook-Kollektionen besteht darin, einen Standard-Satz an
eBooks anzubieten, zu denen auf Vorschlag weitere Bücher freigeschaltet werden können. Fragen Sie danach in Ihrer Bibliothek oder
sehen Sie in die eBook-Sammlung hinein.

19.5 Kauf

Der Kauf von Büchern über den Buchhandel oder der Kauf einzelner Artikel aus Fachzeitschriften über die Zeitschriften-Homepage (wenn die Verlage einen „pay per view"-Service oder den Verkauf von Artikeln anbieten) kommt meist nur als letzter Schritt in Frage, wenn Sie das Werk schnell und sehr dringend brauchen und es nirgendwo anders finden können. Für Bücher, die nicht mehr im Buchhandel erhältlich sind, können Sie Online-Verzeichnisse von Antiquariaten nutzen, wie z. B. das Zentrale Verzeichnis Antiquarischer Bücher (ZVAB, www.zvab.com).

Auch wenn Sie ein Werk länger brauchen, könnte es sich lohnen, den Kaufpreis zu prüfen.

Kauf

19.6 Zugang zum Volltext in Katalog, Datenbank und Suchmaschine

19.6.1 Katalog = Bestandsverzeichnis

Im Katalog Ihrer Bibliothek sind **alle** Bücher und Zeitschriften verzeichnet, auf die Sie gedruckt oder online durch den Einkauf von Lizenzen zugreifen können. Dazu zählen auch die Zeitschriften, die Sie in den Datenbanken der Bibliothek finden.

Katalog

19.6.2 Datenbank: pdf-Link, Link-Resolver

In Datenbanken finden Sie bei einzelnen Aufsätzen häufig direkt den Link „pdf full text", „full text" usw., mit dem Sie den Volltext öffnen können.

Teilweise wird der Zugang jedoch nicht eindeutig erkannt. Dann müssen Sie eine Bibliothek auswählen, für die Sie den Zugang prüfen wollen. Dies zeigen Buttons wie „E-Journal im Bestand der Bibliothek?" oder „In Bibliothek finden" o. ä. an. Klicken Sie auf diese und geben Sie Ihren Standort an, um den Zugang zu prüfen.

Teilweise werden Sie auf sogenannte **Link Resolver** geleitet (SFX, Ovid, …). Diese realisieren die Weiterleitung in Ihren Katalog zur Prüfung des Zugangs zur elektronischen oder gedruckten Version.

Datenbank

Link Resolver

Abb. 22: SFX-Linkresolver zur Prüfung der Verfügbarkeit im Katalog. Ein Klick auf „Go" führt zum Treffer im Katalog oder eine 0-Treffer-Anzeige (Stand 17. 1. 2014).

19.6.3 (Wissenschaftliche) Suchmaschine: Auch lizenzpflichtige Werke

Suchmaschine

Wissenschaftliche Suchmaschinen enthalten nicht nur kostenlose Publikationen, sondern verzeichnen auch lizenzpflichtige Volltexte. Sie linken Sie – wenn für Ihre IP-Adresse eine Lizenz vorliegt – direkt auf den Artikel. Das passiert im Hintergrund und Sie merken nicht, dass die Bibliothek Ihnen diesen Artikel zur Verfügung stellt.

Wenn Sie nicht über das Uni-Netz im Internet sind, werden Sie an dieser Stelle häufig nach einem Passwort gefragt. Prüfen Sie in diesem Fall, ob die Zeitschrift oder das Buch im Katalog Ihrer Bibliothek zu finden ist.

Tipp:
– Prüfen Sie für den Zugang zum gedruckten oder online Volltext zunächst, ob etwas in Ihrem Katalog (Suche nach der Zeitschrift / dem Buch) oder im Internet zu finden ist.
– Ist das nicht der Fall, sehen Sie, ob andere Bibliotheken in Ihrer Nähe das Werk haben oder ob Sie das Werk zur Anschaffung vorschlagen können.
– Danach wählen Sie den Weg von Fernleihe, Dokumentlieferdienst oder Kauf.

Fazit

Wissenschaftliche Bücher und Aufsätze können sehr teuer sein – das merkt man häufig erst, wenn man sie sich selbst beschaffen muss. Gut ausgestattete Bibliotheken sind ein nicht zu unterschätzender Luxus, denn auch in Zeiten der Online-Verfügbarkeit von Information werden die meisten wissenschaftlichen Publikationen durch Bibliotheken bereitgestellt.

20 Literaturverwaltung

Während der Recherche für eine umfangreichere Arbeit finden Sie eine Vielzahl von wichtigen Informationen in zahlreichen unterschiedlichen Publikationen. Nicht immer können Sie von Anfang an absehen, welche Texte Sie in welcher Form für Ihre Arbeit nutzen werden. Sie sollten deshalb von Beginn an die gefundenen Texte und Passagen so nachweisen, dass Sie sie einfach wieder finden und Zitate belegen können. Dabei können Ihnen Literaturverwaltungsprogramme helfen. Es gibt eine Reihe guter Programme auf dem Markt. Die Basisfunktionen wie Literaturnachweise einfügen, importieren, exportieren etc. ähneln sich meist. Darüber hinaus gibt es spezifische Schwerpunkte einzelner Services. Welches Programm für Sie optimal ist, ergibt sich aus einer Vielzahl von Faktoren. Einige Programme wie Zotero (www.zotero.org) oder Mendeley (www.mendeley.com) sind frei verfügbar, Citavi (www. citavi.de) bietet eine freie Basisversion an. Daneben gibt es an Hochschulen oder Bibliotheken Lizenzen für spezielle Angebote und entsprechende Schulungen. Eigentlich möchte man die knappe Freizeit nicht mit Schulungen verbringen, aber die Schulungsstunden können gut investierte Zeit sein, die sich später mehrfach auszahlt, wenn Sie alle wichtigen Funktionen der Software, die Sie verwenden, gut kennen. Nutzen Sie also die Schulungsangebote in Ihrer Bibliothek. Für die gängigen Angebote gibt es auch umfangreiches Schulungsmaterial (Flyer als PDF, Tutorials, Videos etc.), das sich gut für das Selbststudium eignet. Literaturverwaltungsprogramme erleichtern Ihnen die Arbeit rund um das Zitieren (> Kap. 21) von Texten enorm. Meist können Sie aus einer Vielzahl von Zitierstilen auswählen und Ihr Literaturverzeichnis mit einem Mausklick erstellen oder anpassen.

Folgende Literaturverwaltungsprogramme werden viel verwendet: Citavi (www.citavi.de), Endnote (www.endnote.com), RefWorks (www.refworks.com), Zotero (zotero.org).

Eine Übersicht über die Angebote finden Sie in LOTSE (http://lotse. sub.uni-hamburg.de/wirtschaftswissenschaften) im Bereich Arbeiten schreiben und veröffentlichen / Literatur verwalten.

Informieren Sie sich auch über das Angebot bei Ihnen vor Ort!

Literaturverwaltung

Tipps: Einen **Vergleich** unterschiedlicher Literaturverwaltungsprogramme hat die Technische Universität München erstellt:
http://mediatum.ub.tum.de/node?id=1108526
Wenn Sie mit **LaTex** arbeiten, können Sie auf **BibTex** für die Erstellung von Literaturverzeichnissen zurückgreifen.

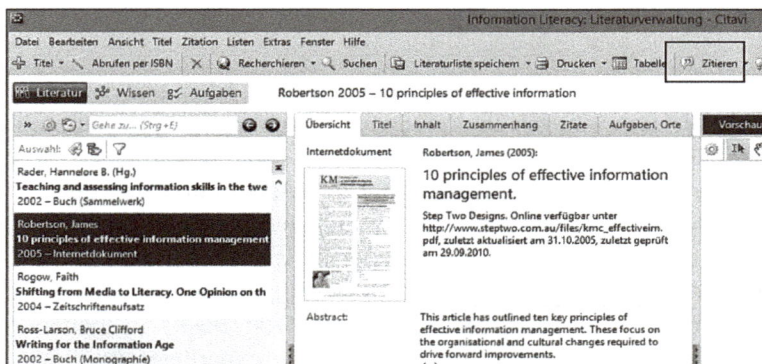

Abb. 23: Citavi – Fußnoten und Verzeichnisse in Arbeiten einfügen (Stand 17. 1. 2014).

21 Literatur zitieren

Zitieren

Spätestens seit den großen Skandalen der letzten Jahre und der entsprechenden Medienpräsenz von Plagiaten ist deutlich geworden, dass das richtige Zitieren in wissenschaftlichen Arbeiten ein wichtiges Thema ist. Plagiate können durch bewusste Täuschung oder durch Schlampigkeit im Umgang mit Quellen entstehen. Die Gründe sind am Ende egal, sie sollten in jedem Fall vermieden werden, um nicht die Aberkennung einer Leistung zu riskieren.

Tipp: Dokumentieren Sie von Anfang an, was Sie wo gelesen haben, um beim Schreiben einer Arbeit immer die entsprechenden Fundstellen einfügen zu können.

Wissenschaftliches Arbeiten fängt nie bei null an, so ist es selbstverständlich, dass Sie sich beim Ausführen von Thesen oder beim Belegen Ihrer Aussage auf Standardwerke Ihrer Disziplin oder auch auf spezielle Aufsätze oder Working Papers etc. zu der Thematik beziehen. Wenn Sie die Worte und Gedanken anderer nutzen, sollten Sie dies aber stets belegen.

Es gibt eine verwirrende Vielzahl von Zitierstilen. Hier sollen nur die wichtigsten Aspekte kurz vorgestellt werden. Wichtiger als der letztlich gewählte Zitierstil sind zwei Dinge:

Vorgaben
Ihrer Einrichtung

1. Informieren Sie sich, bevor Sie mit der Niederschrift der Arbeit beginnen, ob es an Ihrer Fakultät oder Ihrem Institut eine bestimmte bevorzugte Regel gibt. Oft publizieren Fachbereiche auf ihren Websites entsprechende Hinweise oder die Person, die Ihre Arbeit betreut, hat entsprechende Dokumente.

Sollte dies nicht der Fall sein, so sollten Sie sich an die in den Wirtschaftswissenschaften weit verbreiteten Gepflogenheiten halten, für die wir Ihnen gleich ein paar Beispiele zeigen.

2. Egal für welchen Zitierstil Sie sich am Ende entscheiden: Sie sollten eine einmal getroffene Entscheidung konsequent durchziehen, also einmal Kurzzitat im Text, immer Kurzzitat im Text etc.

Einheitlichkeit

Tipp: Um einen Überblick zu bekommen, können Sie Dissertationen oder andere Publikationen, die jemand an Ihrem Fachbereich verfasst hat, ansehen und die dort verwendete Zitierweise als Vorlage nehmen. Allerdings gibt es für viele Fachzeitschriften oder Publikationsreihen spezielle Zitierregeln, so dass das Dokument, das Sie auswählen, ein Spezialfall sein könnte.

21.1 Zitate im Text

Beim Zitieren unterscheidet man zwischen direkten und indirekten Zitaten, d. h. Sie zitieren entweder wortwörtlich oder Sie paraphrasieren den Originaltext. Beides ist erlaubt, solange Sie die Zitate entsprechend kennzeichnen. Besonders mit wörtlichen Zitaten sollten Sie sparsam umgehen, um den Lesefluss nicht ständig durch unterschiedliche Schreibstile zu unterbrechen.

Zitat im Text

Direktes Zitat:
„Vor allem aber hat der Ökonomenstreit die deutsche Volkswirtschaftslehre aus ihrer Lethargie geholt." (Haucap/Mödl, 2013)

Paraphrasiert:
Die deutsche Volkswirtschaftslehre wurde demnach durch den Ökonomenstreit aus ihrer Lethargie geholt. (vgl. Haucap/Mödl, 2013)

Ferner gibt es **Primär- und Sekundärzitate**. Bei Primärzitaten, die immer der Regelfall sein sollen, **zitieren Sie direkt aus der Originalquelle**. Bei einem Sekundärzitat zitieren sie etwas, das in einer anderen Quelle bereits zitiert ist. Dies sollten Sie unbedingt vermeiden, da Sie nie sicher sein können, ob Person A Person B auch wirklich richtig verstanden und inhaltlich und formal korrekt wiedergegeben hat.

Tipp: Sekundärzitate sollten Sie nur dann benutzen, wenn Sie ein wichtiges Zitat gefunden haben, es Ihnen aber unmöglich ist, aus der Originalquelle zu zitieren, weil Sie auch über Ihre Bibliothek oder einen Dokumentenlieferdienst nicht an das Werk herankommen oder das Originalwerk in einer fremden Sprache geschrieben wurde.

Von der Länge der zitierten Passage hängt es ab, ob Sie das Zitat in Ihren normalen Fließtext einbauen oder ob Sie es (bei mehr als 40 Wörtern) eingerückt als längere Passage auch optisch vom restlichen Text absetzen.

Und nun ein paar Beispiele für die häufigsten Fälle:

1. Sie zitieren im Text und belegen den Fundort als Kurzzitat in einer **Fußnote**.

   Beispiel:
   Mein Text, mein Text, mein Text „The teaching of finance and its value system is a precursor to financial regulation."[1] Mein Text, mein Text...

   Beleg in der Fußnote unten auf der Seite:
   [1] Shiller (2013), S. 405

2. Sie zitieren im Text und belegen den Fundort als Kurzzitat direkt **im Text**.

   Beispiel:
   Mein Text, mein Text, mein Text „The teaching of finance and its value system is a precursor to financial regulation." (Shiller 2013, S. 405) Mein Text, mein Text...

Es gibt viele Detailregeln, z.B. bei zwei oder mehr Autoren oder für Publikationen ohne Jahres- oder Seitenzahl. Hinweise zu Übersichten und weiter führende Links finden Sie am Ende dieses Kapitels.

Die Variante mit dem Kurzzitat wird auch als anglo-amerikanischer Zitierstil bezeichnet. Diese Art des Zitats setzt sich in den Wirtschafts- und Sozialwissenschaften auch im deutschsprachigen Raum immer mehr durch. Neben dem Verweis – ob als Kurzzitat im Text oder in der Fußnote – müssen Sie alle zitierten Quellen in einem Literaturverzeichnis am Ende Ihrer Arbeit in ausführlicher Form nachweisen.

21.2 Das Literaturverzeichnis

In den Wirtschafts- und Sozialwissenschaften gelten v. a. **im englisch-sprachigen Raum** die **Zitierregeln der American Psychological Association (APA).**

Für die Nachweise gilt, dass unterschiedliche Publikationsarten jeweils etwas unterschiedlich angegeben werden.

Belege im Literaturverzeichnis können beispielsweise folgendermaßen aussehen:

1. Bei **Büchern** (Monographien und Sammelwerken):

    Name, Vorname (Jahr). Titel: Untertitel (Auflage). Verlagsort: Verlag. (Reihe. Zählung)

    Kemfert, C. (2013). *Kampf um Strom: Mythen, Macht und Monopole.* Hamburg: Murmann.

    Albers, S. & Gassmann, O. (Hrsg.) (2011). *Handbuch Technologie- und Innovationsmanagement* (2. vollst. überarb. und erw. Aufl.). Wiesbaden: Gabler.

2. **Zeitschriftenaufsätze**

    Nachname, Vorname (Jahr). Titel: Untertitel. Zeitschrift, Jahrgangs- und Heftzählung, Seiten.

    Wirl, F. (2013). Comparing environmental policy instruments within an incomplete contract framework. *Journal of public economic theory*, 15(2), 319–340.

3. **Aufsätze in Sammelbänden**

    Nachname, Vorname (Jahr). Titel: Untertitel. In Nachname, Vorname (Hrsg.), Titel: Untertitel (Ausgabe). (Seiten). Verlagsort: Verlag.

    Ernst, H. (2011). Neuproduktentwicklungsmanagement. In S. Albers & O. Gassmann (Hrsg.), *Handbuch Technologie- und Innovationsmanagement* (2. Aufl.). (S. 237–258). Wiesbaden: Gabler.

Literaturverzeichnis

Buch

Aufsatz

4. Graue Literatur/Working Papers

Nachname, Vorname (Jahr). Titel: Untertitel. Ort: herausgebende Institution. (Reihe. Zählung)

Dewenter, R., Heimeshoff, U. (2013). *Neustrukturierung der öffentlich-rechtlichen Fernsehlandschaft: Theoretische Hintergründe und Reformoptionen*. Düsseldorf: Heinrich-Heine-Universität, Düsseldorfer Institut für Wettbewerbsökonomie. (DICE Ordnungspolitische Perspektiven. 43)

Tipp: Gibt es einen **Text sowohl als Artikel als auch als Working Paper**, sollten Sie aus dem Artikel zitieren. Oftmals vergeht aber zwischen der Publikation als Working Paper und der Publikation in einer Zeitschrift viel Zeit, so dass Ihnen gerade bei aktuellen Texten nichts anderes übrig bleibt, als das Working Paper zu zitieren.

5. Internet-Dokumente

Nachname, Vorname (Jahr). Titel. Verfügbar unter: http://... (Stand Datum)

Schieritz, M. (2013). Paul Kirchhoffs wunderbare Welt der Wirtschaft. Verfügbar unter:
http://blog.zeit.de/herdentrieb/2013/12/11/paul-kirchhofs-wunderbare-welt-der-wirtschaft_6868 (Stand 16.12.2013)

Neue Publikationsarten wie Internetseiten oder Blogeinträge können etwas problematisch sein. Informieren Sie sich, ob es entsprechende Hausregeln zum Nachweis in Ihrer Institution gibt. Ansonsten gilt, dass Sie auch hier alle wesentlichen Informationen zum Auffinden dieser Texte liefern müssen. Ferner sollten Sie das Datum angeben, an dem Sie diese Seite aufgerufen haben.

Tipp: Lassen Sie sich Ihr Literaturverzeichnis erstellen. Viele bibliographische Datenbanken (> Kap. 3.3) bieten bei einzelnen Treffern einen Button „Cite" oder „Zitieren". Dort können Sie Ihren Zitierstil auswählen und den Literaturnachweis in Ihre Arbeit kopieren. Überprüfen Sie die Angaben aber auf jeden Fall, denn diese werden automatisch erstellt und können Fehler enthalten. Oder Sie nutzen **Literaturverwaltungsprogramme** (> Kap. 20). Diese bieten ebenfalls den Export der verzeichneten Literatur in verschiedenen Zitierformaten.

Detaillierte Informationen zum Thema Zitieren finden Sie z. B. hier:
Anglo-Amerikanischer Sprachraum: Purdue Online Writing Lab:
http://owl.english.purdue.edu/owl/section/2/10/

Eine Übersicht zum Thema Plagiate vermeiden und richtig zitieren finden Sie in LOTSE (http://lotse.sub.uni-hamburg.de/wirtschaftswissenschaften) im Bereich „Arbeiten schreiben und veröffentlichen".

Schöne Anschauungsbeispiele zum Zitieren bietet beispielsweise ein Online-Angebot der Universitätsbibliothek Mannheim oder auch die wirtschaftswissenschaftliche Fakultät der Uni Münster:

www.bib.uni-mannheim.de/fileadmin/elearning/fitgym/61_warum_zitieren.html

www.wiwi.uni-muenster.de/23/download/intensivseminar/Datei_7u8_14.pdf

Und wenn Sie es ganz genau wissen möchten, sehen Sie sich die umfangreiche Din 1505-2 zum Thema „Titelangaben von Dokumenten" an.

Nachwort

Liebe Leserinnen und Leser,

wir hoffen, dass das Buch für Sie und Ihre wissenschaftliche Arbeit Gewinn bringend war. Die wichtigste Botschaft, die uns am Herzen liegt ist: Wenn Sie etwas nicht finden oder Schwierigkeiten bei der Recherche haben, wenden Sie sich an Ihre Bibliothek!

Im Gegensatz zu manchen Klischees sitzen dort gut ausgebildete Leute, die Ihnen helfen wollen und können oder die eine Idee haben, welche Wege Sie noch einschlagen könnten.

Wir freuen uns über Ihr Feedback zu diesem Buch! Sollten wir einmal eine zweite Auflage verfassen, würden wir gern Ihre Hinweise aufgreifen.

Nun bleibt uns nur noch Ihnen viel Erfolg bei Ihrer Recherche und der Verarbeitung der Ergebnisse zu wünschen!

Herzlichst
Nicole Krüger und Tamara Pianos

n.krueger@zbw.eu
t.pianos@zbw.eu

Ressourcenverzeichnis

Bibliographische Datenbanken und Fachportale

ABI/INFORM, lizenzpflichtig (> Kap. 3.3.4)
  http://search.proquest.com
Dissertation Express (> Kap. 10)
  http://disexpress.umi.com
EBSCO Business Source, lizenzpflichtig (> Kap. 3.3.4)
  http://search.ebscohost.com
EconBiz (> Kap. 3.3.4)
  www.econbiz.de
EconStor (> Kap. 13)
  www.econstor.eu
EZB, Elektronische Zeitschriftenbibliothek (> Kap. 7.2)
  http://rzblx1.uni-regensburg.de/ezeit
Factiva, lizenzpflichtig (> Kap. 11)
  http://global.factiva.com/sb/default.aspx
GENIOS Pressequellen (> Kap. 11)
  www.genios.de/page/presse
Index to Theses, lizenzpflichtig (> Kap. 10)
  www.theses.com/idx
INOMICS (> Kap. 9)
  www.inomics.com
JSTOR, lizenzpflichtig (> Kap. 3.3.4)
  www.jstor.org
Lexis Nexis Wirtschaft, lizenzpflichtig (> Kap. 11)
  www.lexisnexis.com/uk/nexis
Nexis (= Lexis Nexis Wirtschaft), lizenzpflichtig (> Kap. 11)
  www.lexisnexis.com/uk/nexis
ProQuest ABI/INFORM, lizenzpflichtig (> Kap. 3.3.4)
  http://search.proquest.com
ProQuest Dissertation Abstracts / ProQuest Dissertations & Theses Full Text, lizenzpflichtig (> Kap. 10)
  http://search.proquest.com/pqdthss
RePEc Ideas (> Kap. 3.3.4)
  http://ideas.repec.org
RePEc, Research Papers in Economics (> Kap. 9)
  www.repec.org
RFE, Resources for Economists on the Internet (> Kap. 9)
  www.rfe.org
SSCI, Social Sciences Citation Index, lizenzpflichtig (> Kap. 8)
  www.isiknowledge.com/WOS
sowiport (> Kap. 9)
  www.sowiport.de
SSRN, Social Science Research Network (> Kap. 9)
  www.ssrn.com
ViFaPol, Virtuelle Fachbibliothek Politikwissenschaft (> Kap. 9)
  www.vifapol.de

ViFaRecht, Virtuelle Fachbibliothek Recht (> Kap. 9)
www.vifa-recht.de
WISO, lizenzpflichtig (> Kap. 3.3.4)
www.wiso-net.de
ZDB, Zeitschriftendatenbank (> Kap. 7.2)
www.zeitschriftendatenbank.de

Bibliotheken

Bibliotheken der AG der privaten Hochschulbibliotheken (> Kap. 13)
www.privatehochschulbibliotheken.wordpress.com/about/beteiligte-bibliotheken
BVB, Bibliotheksverbund Bayern (> Kap. 3.2.3)
www.bib-bvb.de
DNB, Deutsche Nationalbibliothek (> Kap. 10)
www.dnb.de
GBV, Gemeinsamer Bibliotheksverbund (> Kap. 3.2.3)
www.gbv.de
Hebis, Hessisches Bibliotheks-Informationssystem (> Kap. 3.2.3)
www.hebis.de
HBZ, Verbund beim Hochschulbibliothekszentrum des Landes Nordrhein-Westfalen (> Kap. 3.2.3)
www.hbz-nrw.de
KOBV, Kooperativer Bibliotheksverbund Berlin-Brandenburg (> Kap. 3.2.3)
www.kobv.de
Liste wirtschaftswissenschaftlicher Bibliotheken der UB Frankfurt (> Kap. 13)
www.ub.uni-frankfurt.de/wib/wib1.html
SWB, Südwestdeutscher Bibliotheksverbund (> Kap. 3.2.3)
www.bsz-bw.de/swbverbundsystem/index.html
ZBW, Deutschen Zentralbibliothek für Wirtschaftswissenschaften
/Leibniz Informationszentrum Wirtschaft (> Kap. 13)
www.zbw.eu

Forscher-Rankings

s. Zitationsanalyse und Forscher-Rankings

Kataloge

BVB, Bibliotheksverbund Bayern, Verbundkatalog (> Kap. 3.2.3)
www.gateway-bayern.de
EZB, Elektronische Zeitschriftenbibliothek (> Kap. 7.2)
http://rzblx1.uni-regensburg.de/ezeit
GBV, Gemeinsamer Bibliotheksverbund, Verbundkatalog (> Kap. 3.2.3)
http://gso.gbv.de
HBZ, Verbund beim Hochschulbibliothekszentrum des Landes Nordrhein-Westfalen, Verbundkatalog
(> Kap. 3.2.3)
www.hbz-nrw.de
Hebis, Hessisches Bibliotheks-Informationssystem, Verbundkatalog (> Kap. 3.2.3)
www.hebis.de

KOBV, Kooperativer Bibliotheksverbund Berlin-Brandenburg, Verbundkatalog (> Kap. 3.2.3)
http://digibib.kobv.de
KVK, Karlsruher Virtueller Katalog (> Kap. 3.2.3)
www.ubka.uni-karlsruhe.de/kvk.html
Österreichischer Bibliothekenverbund (> Kap. 3.2.3)
www.obvsg.at
SWB, Südwestdeutscher Bibliotheksverbund, Verbundkatalog (> Kap. 3.2.3)
http://swb.bsz-bw.de
Swissbib (> Kap. 3.2.3)
www.swissbib.ch
WorldCat (> Kap. 3.2.3)
www.worldcat.org
ZDB, Zeitschriftendatenbank (> Kap. 7.2)
www.zeitschriftendatenbank.de

Klassifikationen

JEL, Journal of Economics Literature Classification (> Kap. 12.6)
www.aeaweb.org/econlit/jelCodes.php
ISIC, International Standard Industrial Classification of All Economic Activities (> Kap. 12.6)
http://unstats.un.org/unsd/cr
NACE, Nomenclature statistique des Activités économiques dans la Communauté Européenne (> Kap. 12.6)
www.ec.europa.eu/eurostat/ramon
SITC, Standard International Trade Classification (> Kap. 12.6)
http://unstats.un.org/unsd/cr
WZ 2008, Wirtschaftszweige-Klassifikation 2008 (> Kap. 12.6)
www.statistik-portal.de/Statistik-Portal/de_klassiWZ08.asp

Lexika

s. Wörterbücher und Lexika

Literaturverwaltungsprogramme

Citavi (> Kap. 20)
www.citavi.de
EndNote (> Kap. 20)
www.endnote.com
Mendeley (> Kap. 20)
www.mendeley.com
RefWorks (> Kap. 20)
www.refworks.com/de
Zotero (> Kap. 20)
www.zotero.org

Netzwerke

Facebook (> Kap. 14.2.1)
www.facebook.com
Google + (> Kap. 14.2.1)
www.plus.google.com
LinkedIn (> Kap. 14.2.1)
http://de.linkedin.com
Mendeley (> Kap. 14.2.1)
www.mendeley.com
ResearchGate (> Kap. 14.2.1)
www.researchgate.net
Twitter (> Kap. 15.7)
www.twitter.com
Xing (> Kap. 14.2.1)
www.xing.com

Rankings von Zeitschriften

Eigenfactor (> Kap. 7.1)
www.eigenfactor.org
Handelsblatt-Ranking BWL (> Kap. 7.1)
www.tool.handelsblatt.com/tabelle/?id=34
Handelsblatt-Ranking VWL (> Kap. 7.1)
www.tool.handelsblatt.com/tabelle/?id=33
JCR, Journal Citation Reports, lizenzpflichtig (> Kap. 7.1)
www.isiknowledge.com/jcr
Journal Ranking Guide (> Kap. 7.1)
www.zbw.eu/jrg
JOURQUAL (> Kap. 7.1)
www.vhbonline.org/service/jourqual
LOTSE > Literatur recherchieren und beschaffen > Evaluierung der Suchergebnisse
http://lotse.sub.uni-hamburg.de/wirtschaftswissenschaften
RePEc Journal Ranking (> Kap. 7.1)
http://ideas.repec.org/top/top.journals.all.html
Was lesen und schätzen Ökonomen im Jahr 2011? (> Kap. 7.1)
http://hdl.handle.net/10419/49023

Statistische Datenbanken und Quellen

Bisnode, bisher Hoppenstedt-Firmendatenbank, lizenzpflichtig (> Kap. 12.4)
www.hoppenstedt-hochschuldatenbank.de
CIA World Factbook (> Kap. 12.4)
https://www.cia.gov/library/publications/the-world-factbook
DataCite (> Kap. 12.5)
www.datacite.org
Destatis: Statistisches Bundesamt Deutschland (> Kap. 12.4)
www.destatis.de

EDaWaX, European Data Watch Extended (> Kap. 12.5)
www.edawax.de
EuroStat: Das Statistische Amt der EU (> Kap. 12.4)
www.epp.eurostat.ec.europa.eu
Factiva, lizenzpflichtig (> Kap. 11)
http://global.factiva.com/sb/default.aspx
Genesis / Statistisches Bundesamt Deutschland (> Kap. 12.4)
https://www-genesis.destatis.de
Hoppenstedt-Firmendatenbank, heute Bisnode, lizenzpflichtig (> Kap. 12.4)
www.hoppenstedt-hochschuldatenbank.de
Lexis Nexis Wirtschaft, heute Nexis, lizenzpflichtig (> Kap. 11)
www.lexisnexis.com/uk/nexis
LOTSE > Fakten suchen und nachschlagen
http://lotse.sub.uni-hamburg.de/wirtschaftswissenschaften
Nexis, bisher Lexis Nexis Wirtschaft, lizenzpflichtig (> Kap. 11)
www.lexisnexis.com/uk/nexis
OECD iLibrary, lizenzpflichtig (> Kap. 12.4)
www.oecdilibrary.org
Re3Data (> Kap. 12.5)
www.re3data.org
statista (> Kap. 12.4)
http://de.statista.com
Weltbank: World Databank (> Kap. 12.4)
http://databank.worldbank.org

Suchmaschinen

Ask (> Kap. 3.4.5)
www.ask.com
BASE, Bielefeld Academic Search Engine (> Kap. 3.4.6)
www.base-search.net
bing (> Kap. 3.4.5)
www.bing.com
DuckDuckGo (> Kap. 3.4.5)
www.duckduckgo.com
Google (> Kap. 3.4.5)
www.google.com
Google Blogsuche (> Kap. 15.4)
www.google.de/blogsearch
Google Books (> Kap. 19.1)
www.books.google.de
Google Scholar (> Kap. 3.4.6)
www.scholar.google.com
Microsoft Academic Search (> Kap. 3.4.6)
http://academic.research.microsoft.com
Startpage (> Kap. 3.4.5)
www.startpage.com

Tools & Dienste

DBIS – Datenbank-Infosystem (> Kap. 3.3.3 / Kap. 12.2)
http://rzblx10.uni-regensburg.de/dbinfo
EconDesk (Online-Auskunft) (> Kap. 5.5)
www.econdesk.de
Glossar zu den Begriffen der Informationskompetenz ˙
www.informationskompetenz.de/glossar
Nationallizenzen (> Kap. 19.2)
www.nationallizenzen.de
Online-Recherchekurs LOTSE (> Kap. 5.5)
http://lotse.sub.uni-hamburg.de/wirtschaftswissenschaften
Rechercheguide der ZBW, Tipps zur Recherche, mobil optimiert
www.zbw.eu/rechercheguide/zbw-rechercheguide.pdf
STW, Standard Thesaurus Wirtschaft (> Kap. 1.2)
www.zbw.eu/stw
subito Dokumentlieferdienst (> Kap. 19.3)
www.subito-doc.de
Thesaurus EuroVoc (> Kap. 4.1, mehrsprachig suchen)
www.eurovoc.europa.eu

Veranstaltungskalender

EconBiz Veranstaltungskalender (> Kap. 14.1)
www.econbiz.de/events
INOMICS Conferences (> Kap. 14.1)
www.inomics.com/economics/conferences
SSRN Conferences (> Kap. 14.1)
www.ssrn.com/en/index.cfm/conferences
The Economist – Conferences (> Kap. 14.1)
www.economist.com/events-conferences

Wörterbücher und Lexika

Concise Encyclopedia of Economics (> Kap. 5.2)
www.econlib.org/library/CEE.html
Der große Eichborn (gedruckt) (> Kap. 4.1, mehrsprachig suchen)
Gabler Online-Lexikon Wirtschaftswissenschaften (> Kap. 5.2)
www.wirtschaftslexikon.gabler.de
LEO (> Kap. 4.1, mehrsprachig suchen)
www.dict.leo.org
Linguee (> Kap. 4.1, mehrsprachig suchen)
www.linguee.com
LOTSE > Fakten suchen und nachschlagen > Lexika und andere Nachschlagewerke
http://lotse.sub.uni-hamburg.de/wirtschaftswissenschaften
New Palgrave Dictionary of Economics, lizenzpflichtig (> Kap. 5.2)
www.dictionaryofeconomics.com

Zeitschriften-Rankings

s. Rankings

Zitationsanalyse und Forscher-Rankings

CitEc (RePEc) (> Kap. 8.1)
    http://citec.repec.org
Google Scholar (Zitationsanalyse) (> Kap. 8.1)
    www.scholar.google.com
Forscher-Ranking Handelsblatt BWL (> Kap. 8.2)
    www.handelsblatt.com/politik/oekonomie/bwl-ranking
Forscher-Ranking Handelsblatt VWL (> Kap. 8.2)
    www.handelsblatt.com/politik/oekonomie/vwl-ranking
RePEc Forscher-Ranking (> Kap. 8.2)
    http://ideas.repec.org/top/top.person.all.html
SSCI, Social Sciences Citation Index, lizenzpflichtig (> Kap. 8.1)
    www.isiknowledge.com/WOS

Sachregister

Literaturhinweise

Ebster, Claus/ Stalzer, Lieselotte (2013): Wissenschaftliches Arbeiten für Wirtschafts- und Sozial-
wissenschaftler, 4. Aufl., Wien: Facultas.wuv.

Franke, Fabian/Klein, Annette/Schüller-Zwierlein, André (2010): Schlüsselkompetenzen: Literatur
recherchieren in Bibliotheken und Internet, Stuttgart: Metzler.

Niedermair, Klaus (2010): Recherchieren und Dokumentieren: Der richtige Umgang mit Literatur im
Studium, Konstanz: UVK.

Stickel-Wolf, Christine/Wolf, Joachim (2013): Wissenschaftliches Arbeiten und Lerntechniken:
erfolgreich studieren - gewusst wie!, 7. Aufl., Wiesbaden: Springer Gabler.

Plümper, Thomas (2012): Effizient schreiben: Leitfaden zum Verfassen von Qualifizierungsarbeiten und
wissenschaftlichen Texten, 3. Aufl., München: Oldenbourg.

Stoetzer, Matthias-Wolfgang (2012): Erfolgreich recherchieren, München: Pearson.

Abbildungsnachweise

Abb. 1, 9, 10 und 11 sind eigene Darstellungen der Autorinnen.

Abbildungen in den Marginalien / neben dem Text am Bildrand stammen aus Thinkstock.

Alle anderen Abbildungen stammen von den Websites der benannten Informationsressourcen.
Dabei ist der Stand der Information angegeben. Links zu den jeweiligen Seiten finden Sie im Ressour-
cenverzeichnis.

Über die Autorinnen

Tamara Pianos studierte Geographie, mit einem Schwerpunkt in der Wirtschaftsgeographie und Anglistik an der Universität Kiel. Nach Abschluss ihrer Promotion in den Kanada-Studien absolvierte sie das Referendariat für den Höheren Bibliotheksdienst in Osnabrück und Köln. Von 2002 bis 2005 arbeitete sie in der vascoda-Geschäftsstelle an der TIB in Hannover. Seit 2005 ist sie an der ZBW in Kiel und dort als Leiterin der Abteilung Informationsvermittlung sowohl für das Produktmanagement des Fachportals EconBiz als auch für die Vermittlung von Informationskompetenz zuständig.

Nicole Krüger ist Diplom-Bibliothekarin. Sie studierte Bibliothekswesen an der Fachhochschule Hannover. Nach jeweils einem Jahr Aufenthalt in Sofia, Bulgarien und in Jena begann sie 2003 in der ZBW in Kiel und spezialisierte sich auf den Bereich Informationskompetenz. Sie leitet die Online-Auskunft EconDesk, ist Redakteurin des Online-Tutorials LOTSE Wirtschaftswissenschaften und publiziert zum Thema „Richtig recherchieren" im Netz und in Zeitschriften. 2012 hospitierte sie im Rahmen des Stipendiums „Librarian in Residence" zum Thema Vermittlung von Informationskompetenz einen Monat lang in New York.

9 783110 300994